POIKA JOKA NÄKI PUITTEN TANSSIVAN

Paula Merensuo

POIKA JOKA NÄKI PUITTEN TANSSIVAN

ISBN 978-952-68093-0-4

Esipuhe

jossa kerrotaan tarinan päähenkilöistä eli sankareista, millaisia he ovat, miten he tutustuivat ja mitä muuta on hyvä tietää heistä. Luodaan katsaus heidän sisäiseen avaruuteensa ja annetaan tarpeelliset ennakkovaroitukset.

Tämä epäuskottava ja omituinen tarina, joka paljastetaan kohta pahaaaavistamattomalle lukijalle, kertoo kahdesta erilaisesta ihmisestä ja heidän kohkaamisistaan ei yksin tässä maailmassa vaan myös sellaisissa, joitten olemassaoloa voisi hyvällä syyllä epäillä, elleivät tiedemiehet pätevien tutkimustensa perusteella väittäisi toista.

Aloittakaamme sankaripariin tutustuminen hyvään tapaan heikommasta eli kauniimmasta sukupuolesta, joskin kauneus tässä tarinassa kuuluu sille toiselle osapuolelle.

Katsotaanpa.

Sankarittaremme, Aasla, motittaa juuri nyt hiljaksiin pienen kotikaupunkinsa keskustaa, kuten hänellä on tapana tehdä. Hänellä on aikaa, koska hän on työtön. Kenties hänessä on havaittavissa jotakin sankarittarellista? Ei, hänessä ei ole mitään erikoista. Siinä astelee tienposkea hiukan etukumarassa perisuomalainen naisihminen, kädet ristittyinä selän taakse. Ilma on loskainen, joten hänellä on päällään säähän sopivat asusteet.

Mitä? Näemmekö tosiaankin maastokuvioita?

Kyllä, hänellä on yllään armeijoitten ylijäämävarastoista myyntiartikkelinsa hankkivan postimyyntifirman välittämä parka, jonka helma ulottuu armeliaasti puoleenväliin reisiä. Raskaat mutta aikain saatossa mukaviksi pehmentyneet taistelukengät kyntävät kuraa, ja kasvot ovat kätkössä lippalakin pitkän lipan alla. Niskan puolelta lippalakin reiästä sojottaa kohtalaisen paksu häntä vaaleahkoa tukkaa.

Ei mitään naisellista?

Äkkisilmäyksellä ei, mutta tarkemmin katsoen huomaa, että hän on solminut kaulaansa täydellisesti maastokuvion vihreän ja ruskean sävyihin sointuvan silkkihuivin.

Hänen voi siis päätellä olevan niitä naisia, jotka asettavat käytännöllisyyden koreilun edelle. Paljonko iloa on kalliista muotivaatteista,

3

jotka eivät pysty suojelemaan kastumiselta? Jotka jäävät hetkessä pois muodista niin että taas kohta pitää olla ostamassa uusia? Se on loputon kierre, ja turha.

Armeijaa varten osataan tehdä kunnon vaatteita, jotka kestävät elämää, vain paranevat aikaa myöten ja ovat halpoja. Mitä työtön nainen sitäpaitsi tekee muotivaatteilla, joita hänellä ei ole varaa ostaa? Hän on näkymätön ja viisaana osaa käyttää sitä hyväkseen. Hän saa olla rauhassa ja ottaa elämältä vain sen mitä arvostaa ja pitää tärkeänä. Niihin eivät kuulu epämukavat kengät eivätkä turhankalliit muotivaatteet.

Tämä saa riittää Aaslan ulkoisesta habituksesta. Se ei olekaan tärkeä. Verrattomasti paljon tärkeämpi tarinamme kannalta on hänen sisäinen maailmansa. Se nimittäin poikkeaa jossain määrin normaalista maailmankuvasta.

Hänen sisäinen elämänsä on rajattoman rikas. Hänellä on mielikuvitus, joka pystyy luomaan tuosta vain kokonaisia maailmoita. Hän voi näyttää päältäpäin arkipäiväiseltä kuin piimälimppu, mutta hän kenties seikkaileekin juuri silloin aivan muissa maailmoissa.

Mielikuvituksen rajattoman lennon lisäksi hänellä on kummallisempiakin kykyjä: hän pystyy siirtymään ulottuvuudesta toiseen. Hän pystyy irtautumaan ruumiistaan. Hän pystyy menemään tuonpuoleiseen ja tapaamaan siellä olentoja, jotka saattaisivat pelottaa ja kauhistuttaa tavallista ihmistä. Hän pystyy tapaamaan unessa toisia ihmisiä. Joskus hän näkee jopa enneunia.

Nämä asiat hän pystyy myös erottamaan toisistaan.

On aivan eri asia luoda mielikuvituksessaan maailma ja vaellella siellä kuin joutua sinne oikeasti.

Siinä on suuri ero, joka sopii pitää mielessä. Sitä tietoa nimittäin tarvitaan tässä tarinassa.

Tällainen siis on Aasla, ja nyt siirrymme tarinamme toiseen sankariin, Jerneihin. Hän istuu juuri nyt luentosalissa Ljubljanan yliopistossa kuuntelemassa kuivakkaa esitelmää romantiikasta brittikirjallisuudessa. Siinä missä Aasla on perisuomalaisen arkipäiväisyyden monumentti, Jerneissä ei ole mitään arkipäiväistä. Hän on kansallisuudeltaan sloveeni ja tarinamme tapahtumien aikana kaksikymmenvuotias mutta merkillisellä tavalla iätön. Siinä missä Aasla on tanakka, Jernei on melkein aineettoman laiha. Hän on kapoinen ja kevytrakenteinen kuin

4

haltia jostakin muinaisaikojen tarusta. Hänellä on suuret, pähkinänruskeat silmät ja silkkinen, vaaleanruskea tukka, joka on leikattu animetyyliin, mikä sopiikin hänelle erinomaisen hyvin. Hänen suora, kirkas katseensa tuntuu näkevän toisen ihmisen syvimpään, salattuun sisimpään asti. Hän on kaunis omalla hauraalla, melkein androgyynisellä tavallaan, ja hänen ympärillään pysyttelee järkkymättömän tyyneyden aura. Hän ei osaa irrota ruumiistaan eikä matkailla tuonpuoleisessa, mutta hän osaa mennä toisten ihmisten uniin. Hänen mielikuvituksensa on jos mahdollista vieläkin parempi kuin Aaslan.

Yhteistä heille on sekin, että he ovat kokeneet outoja tapahtumia jo aivan pieninä lapsina. Jernei on poika, joka on nähnyt puitten tanssivan, ja mitä Aaslalle on tapahtunut lapsena, ja mitä hän on nähnyt jo silloin, sitä kaikkea hän ei suostu kertomaan kenellekään.

Ei edes Jerneille.

Nyt on sankariparimme esitelty siinä määrin kuin on tarpeen tässä vaiheessa.

Entä missä tämä epäsuhtainen sankaripari tuli tutustuneeksi?

Netissä.

Missäpä muuallakaan? Se on nykyajan baabelintalo, jossa kaikki ihmiset myllyävät iloisesti sekaisin, ja josta varmimmin löytää sielunsukulaisia ja ystäviä jos kohta vihollisiakin. Siellä voi ujoin ja estyneinkin ihminen lähestyä toisia, puhumattakaan niistä, joita ei minkäänlainen kainous vaivaa.

Lopuksi vielä disclaimer eli vastuuvapauslauseke, joka ei saa puuttua vakavasti otettavasta kirjasta: Yhtäläisyydet tarinassa mainittujen ihmisten ja oikeitten elävien tai kuolleitten tai missä olotilassa hyvänsä olevien ihmisten välillä ovat vain ja ainoastaan sattumanvaraisia. Ja vaikka sekä Aasla että Jernei ovat oikeita ihmisiä, ja heidän tekemisistään kaikkein omituisimmat ovat todennäköisimmin totta, heidän tarinaansa lukiessa kannattaa pidellä terveen maalaisjärkensä liepeistä kiinni molemmin käsin.

Prologi

jossa kaksi lasta katselee ikkunasta pihalle. Toinen näkee esihistoriallisia eläimiä, ja mitä toinen näkee, se ei käy hänen vanhempiensa järkeen.

Aasla on polvillaan penkillä ja katselee pihalle. Penkki on ikkunan edessä. Ikkunassa on kuusi ruutua. Hän nojaa kyynärpäitään ikkunalautaan ja pitää leukaansa kämmenten varassa. Hän on ikävystynyt, ihan hirveän ikävystynyt. Hänen selkänsä takana toiset sisarukset nujuuttavat toisiaan ja parkuvat. Niistä ei ole seuraa hänelle. Ulkona sataa. Ilma on usvainen, on varhaista, ja alkukesä. Pihan heinikko on vielä matalaa. Tallin edessä kasvaa korkea kuusi. Sen juurella on leikkipaikka, hiekkakasa. Hiekka näyttää tummalta, sade on kastellut sen pinnan. Hän tietää, että se on märkää vain pinnalta. Sisältä kasa on varmasti kuiva. Mutta ei sinne kannata mennä tällaisella ilmalla. Ei äiti päästäisikään.

Aaslalla ei ole mitään tekemistä. Tämä on taas yksi niitä hirveitä päiviä, joina aika matelee eteenpäin loputtoman pitkänä ja tapauksettomana. Hänestä tuntuu pahalta. Hän ei tiedä miten saisi olonsa paremmaksi. Hän ei osaa lukea, eikä olisi mitään luettavaa vaikka hän osaisikin.

Hän ei vielä ymmärrä, että elämä on odottamista.

Nyt se on vain ikävää ja tapauksetonta. Ei se aina ole, tietenkään, mutta hän elää nykyhetkessä eikä osaa asettaa tapahtumille syitä ja seurauksia. Hän vain tuntee millaista se milloinkin on, se oleminen. Ja nyt se on ikävää. Sitä se on usein.

Hän näkee jonkin liikahtavan silmänurkassaan ja kääntää katseensa sinne päin. Hän työntää kasvonsa ihan lähelle lasia ja näkee miten rannasta päin astelee hitaasti ryhmä suuria eläimiä. Ne ohittavat talon nurkalla kasvavan paljasrunkoisen männyn ja tulevat pihalle. Ne ovat isoja, punertavia. Niillä on paksut jalat ja leveät kyljet ja iso pää. Kaulan alla heilahtelee veltosti löysää nahkaa. Ne laiduntavat pihan kosteassa heinikossa kaikessa rauhassa, haukkaavat ruohoa leveällä suullaan, pureksivat ja siirtyilevät hitaasti paikasta toiseen. Aasla ei oikeastaan edes ihmettele niitä, katsoo vain pää kallellaan, leuka pienten kämmenten varassa.

Tuuli heittää saderyöpyn päin ikkunaa, ja kun lasit taas kirkastuvat, eläimet ovat menneet pois. Nyt äiti näkyy pihalla, hän on tulossa navetasta. Kun hän tulee sisälle, Aasla kysyy: – Näitkö sinä ne? Mitä ne olivat? Minne ne menivät?

Äiti ei ymmärrä mitä hän tarkoittaa.

– No niitä eläimiä! Aasla tivaa. – Tuossa pihalla. Niillä oli se semmoinen kaulan alla kuin hirvellä. Semmoinen kuin pyyheliina. Mutta äiti ei ole nähnyt pihalla mitään, eikä kukaan muukaan. Kukaan ei usko että Aasla näki mitään. Mutta hän näki, eikä unohda näkemäänsä koskaan. Hän muistelee outoja eläimiä usein ja nimittää niitä pyyheliinaeläimiksi kaulan alla riippuneen löysän nahan takia. Vasta joskus aikuisena hän näkee ne uudestaan, eräässä esihistoriallisista eläimistä kertovassa kirjassa.

Paljon, paljon myöhemmin ja aivan toisessa maassa, lähemmäs kahdentuhannen kilometrin päässä vinosti etelään, jokin herättää Jernein. Hänen perheensä on lomailemassa vuoristossa, pienessä mökissä. Hän nousee istumaan ja kuuntelee pää kallellaan. Kuu paistaa ikkunasta sisään, kaikki on valoisaa. Isä ja äiti nukkuvat. Hän työntää päältään paksun untuvapeiton ja laskee jalkansa lattialle. Leveät lankut ovat viileitä mutta eivät liian viileitä. Hän hipsuttelee ikkunalle ja katsoo ulos. Lunta on paksusti, ja sillä kimaltelee pieniä valonkipinöitä. Varjokohdat sinertävät.

Metsän reunassa kasvaa suuria kuusia. Jernei katsoo puita ja hänen pienille kasvoilleen syttyy hämmästynyt hymy. Puut tanssivat! Suuret kuuset kumartelevat samaan tahtiin, jokainen omaan suuntaansa. Liike pudottelee lumet niitten oksilta. Tanssivien kuusten ympärillä seisovat puut kantavat yhä raskaita lumitykkyjä. Tanssivat puut näyttävät yhtä aikaa juhlallisen vakavilta ja hilpeiltä kumarrellessaan ja keinahdellessaan ja viuhtoessaan pitkillä, tuuheilla oksillaan. Jernei painaa pienen nenänsä ikkunaruutua vasten ja nauraa ääneen.

Äiti herää ja kysyy, mitä hän tekee ikkunan luona. – Mene takaisin sänkyyn, kulta pieni, sanoo äiti. – Nukutaan vielä. Mene peiton alle että et vilustu. Pitääkö tulla peittelemään?

Jernei pudistaa päätään ja juoksee takaisin vuoteen luo, kiipeää siihen ja kaivautuu peiton alle kuin pieni eläin. Hetken päästä hän jo nukkuu.

Ulkona kuuset jatkavat tanssiaan.

Ne eivät tiedä, että ne on nähty.

Isä sytyttelee tulta kamiinaan ja äiti kattaa pöytää. Tuoksuu kahville ja puurolle, ja ihan hiukan puunsavulle. Jernei kapuaa alas vuoteestaan silmät kirkkaina. – Äiti, isä, minä näin puitten tanssivan! Äiti ja isä vaihtavat katseen.
– Miten ne tanssivat? kysyy isä. Hän nousee kamiinan edestä ja tomuttaa polvensa. Sitten hän menee pöydän luo ja istahtaa jotenkin raskaasti.
– Näin! Jernei ojentaa kätensä ulospäin oksiksi ja alkaa huojua joka suuntaan. Se näyttää hassulta, ja Jernei päästää itsekin pienen ihastuneen kikatuksen.
– Missä sinä näit puitten tanssivan? kysyy isä kaataessaan kahvia mukiinsa.
– Tuolla metsässä, sanoo Jernei lopettamatta huojumistaan. Hän kumartelee nyt joka suuntaan niin syvään, että hänen kätensä ylettyvät koskettamaan lattiaa.
– Minä en kyllä ole nähnyt mitään semmoista, sanoo isä.
– Minä näin, vakuuttaa Jernei. Hän kumartuu taaksepäin niin että hänen pikkuinen päänsä yltää lattiaan. – Yöllä minä näin. Kuulin kun ne sanoivat että ne tahtovat tanssia. Menin katsomaan ikkunasta. Se näytti hassulta.
Äiti ja isä katsovat pientä poikaansa, joka kumartelee sinne tänne viuhtoen ohuilla käsivarsillaan. Sitten he katsovat toisiaan, ja äiti sanoo: – Hän oli yöllä ylhäällä. Seisoi ikkunassa ja nauroi. Käskin mennä takaisin sänkyyn.
– Minä en kuullut mitään, sanoo isä.
– Tulehan syömään puurosi, kulta, sanoo äiti Jerneille.
Jernei lopettaa huojumisensa ja rypistää pientä otsaansa.
– Voidaanko me mennä katsomaan puita? hän kysyy.
– Tietenkin, ruuan jälkeen, sanoo isä. – Puetaan lämpimästi ja mennään ulos. Siellä on pakkasta.
– Ilma näyttää kirkkaalta, sanoo äiti. Hän kaataa maitoa Jernein mukiin.
– Ne näytti niin hassuilta, sanoo Jernei puuronsa läpi.
– Mitkä? kysyy isä hajamielisesti.
– No ne puut, Jernei sanoo painokkaasti.
– Miten ne oikeastaan saattoivat tanssia? kysyy äiti.
– Nostelivatko ne jalkojaan?
– Ei puilla ole jalkoja, Jernei sanoo vakavasti.

8

– Onhan, väittää isä. – Ainakin yksi.

Hän pöyhäisee pikkupojan tukkaa. Suuret silmät katsovat häntä vakavina otsatukan alta. – Hassu pikku varsani, isä sanoo hellästi.

– Se ei ole jalka, sanoo Jernei vielä vakavammin. – Se on – se on – niitten selkä.

– Runko, auttaa äiti.

– Niin, sanoo Jernei. – Se on se mitä ne on.

Äiti, isä ja Jernei menevät aamiaisen jälkeen ulos. Pakkasta on kymmenisen astetta, ja taivas on pilvetön. Mökki on aivan metsän keskellä olevan pienen aukeaman reunassa. Lumikerros on ainakin puoli metriä paksu ja koskematon, mutta kohta siinä näkyy rivi pieniä jälkiä. Jernei juoksee suoraan kuin nuoli kohti kuusimetsää. Hän on niin kevyt ettei uppoa lumeen kuin ehkä sentin verran. Hänen vanhempansa seisovat yhä portailla. He vaihtavat taas katseen, tällä kertaa hämmästyneen.

Niin kauas kuin he näkevät, puissa on lumitykkyjä.

Paitsi niissä kuusissa, joitten alaoksien muodostamiin tunneleihin heidän pieni poikansa on juuri kadonnut ääneen nauraen.

Niissä kuusissa ei ole lunta, ja aukion puolella lumessa näkyy pitkiä viiruja, aivan kuin oksat olisivat pyyhkineet hangen pintaa.

– Yöllä on varmaan tuullut, sanoo isä hetken kuluttua.

– Niin varmaan, sanoo äiti.

Mutta he tietävät, että yö oli kylmä ja tyyni.

1. Luku

jossa kerrotaan, miten Aasla ja Jernei oikeastaan tutustuivat, ja mitä siitä seurasi. Tutustutaan maailmaan, jota ei ole.

Alussa on sana. Sanasta tulee monta sanaa. Niistä tulee kieli. Niistä tulee maailman kielten ääretön paljous, maailman kaikkien sanojen rikkaus. Ja sitten on vielä rakkaus kaikkien maailman sanojen rikkauteen, kommunikoinnin mahdollisuuksiin ja mahdottomuuteen. On ihmisiä, jotka rakastavat ilmaisujen loputonta monimuotoisuutta, ihmeitä, joita sanat sisältävät ja saavat aikaan.

Aasla kuuluu näihin ihmisiin. Hänelle kielet ovat enemmän kuin sanojensa summa. Ne kantavat mukanaan ihmisen rajattomuutta rajattomassa kaikkeudessa.

Aasla on löytänyt netistä foorumin, jossa hänen kaltaisensa jakavat rakkautensa kieliin. Sen löytäminen on oikeastaan väistämätöntä siinä kaikkeudessa, jossa hän elää: ne asiat löytävät toistensa luo, jotka vetävät toisiaan puoleensa ajassa ja tilassa. Hänen kaltaisiaan etsivä sielunsa on johdattanut hänet tuohon ihmeelliseen paikkaan. Hän heittäytyy mukaan täysin rinnoin.

Hän kokeilee eri kieliä, sukeltaa keskusteluihin mitä merkillisimmistä kielitieteellisistä yksityiskohdista tai aivan triviaaleista huomioista, jotka koskevat eri kieliä. Hän kommentoi toisinaan, ja toisinaan hän auttaa niitä, jotka opiskelevat tai muuten vain tutkivat suomen kieltä. Eräs niistä, joita hän on auttanut kommenteillaan, liittää hänet foorumin ryhmään Skypessä.

Nyt Aasla on päässyt paratiisiin. Tai jos ei ihan paratiisiin, vihreille niityille kumminkin. Nyt hän saattaa keskustella tosiaikaisesti rakkaista kielistään. Hän löytää conlangit, kielet, joita ihmiset luovat itse. Hän löytää Jernein, joka on alkanut luoda omaa kieltään jo alle kymmenvuotiaana.

Oikeastaan Jernei löytää hänet.

Jernei opiskelee Ljubljanan yliopistossa kieliä, myös suomea. Hän kysyy, tahtoisiko Aasla auttaa häntä suomen opinnoissa.

Aasla tahtoo.

Näin he tutustuvat, nämä kaksi niin erilaista mutta kuitenkin niin samanlaista ihmistä. He ovat Luojia. He pystyvät ylittämään ajan ja paikan rajat, sekä tahtoen että tahtomattaan. He ovat ihmisiä, jotka pystyivät kulkemaan yhtä helposti tässä maailmassa kuin niissäkin, joita ei ole muualla kuin mielikuvituksessa.

Jos sielläkään.

Ehkä selitys onkin jokin aivan muu.

Ja Jernei on poika, joka on nähnyt puitten tanssivan.

Hän kertoo sen Aaslalle kun he ovat tunnistaneet toisensa sukulaissieluiksi. Aasla puolestaan johdattaa Jernein kurkistamaan ihmissielun salattuihin onkaloihin, joihin kaikilla on pääsy, mutta jonne tuskin kukaan tietää pyrkiä.

Jernei kertoo Aaslalle planeetasta, jonne kielten luojat sijoittavat te-kemiään kieliä puhuvat kansat. Se on planeetta täynnä maita, joita ei ole, ja kieliä, joita ei puhu kukaan muu kuin sen luoja. Aasla valloittaa itselleen pienen saariryhmän tuolta oudolta planeetalta ja antaa sille nimen Saaret.

Hän luo Saarille asukkaat
- - *pienikokoisia, sirorakenteisia ihmisiä. Miesten keskipituus on 170 cm ja naisten 155 cm. Heidän ihonvärinsä vaihtelee hunajasta pronssiin. Heidän silmänsä ovat useimmiten vihreät, keltaiset tai vaaleanruskeat. Kuitenkin joissakin suvuissa syntyy toisinaan jopa kaksi metriä pitkiä, rotevia ihmisiä, joilla on maidonvalkoinen iho, punainen tukka ja hyvin vaaleansiniset tai harmaat silmät. Heitä arvellaan geneettisiksi jäänteiksi muinaisista esi-isistä kaukana pohjolassa, ja heitä arvostetaan erityisen paljon. Saarelaiset ovat hyvin kekseliäitä ja sopeutuvaisia ihmisiä. Heillä on rikas suullinen perinne laulujen ja runojen muodossa. Koska saarelaisia ei ollut jäljellä suurtakaan määrää heidän asettuessaan saarilleen, eikä heitä edelleenkään ole kuin noin 1½ miljoonaa, he ovat hyvin yhtenäinen kansa. Muutamia sukuja pidetään erityisessä arvossa jonkin erityisen, periytyvän ominaisuuden vuoksi, mutta varsinaisia ylimyssykuja ei ole. Saarelaiset arvostavat perinteisesti työntekoa, ja sen vastapainona he juhlivat mielellään. Suotuisa ilmasto ei silti ole tehnyt heistä mukavuudenhaluisia velttoilijoita, vaan he ovat ahkeria niin töissä kuin hauskanpidossa. Poliittiset kannat ovat maltillisia, eikä kansa ole luonteeltaan kiivasta.*

historian,
- - *saarelaiset ovat tulleet jostain hyvin kaukaisesta maasta. Legendat tietävät kertoa, että se oli hyvin vuoristoinen ja kylmä maa. Kylmyys olikin syynä poismuuttoon. Talvet kävivät entistä pitemmiksi, eikä lyhyt kesä enää ehtinyt sulattaa lunta maasta. Pohjoisesta alkoi levitä jäätikkö, jonka edellä ihmiset lähtivät kulkeutumaan etelään päin. (Kukaan ei tiedä varmasti, mutta niihin aikoihin arvellaan vallinneen pienen jääkauden.) Ei ole tarkkaa tietoa, mitä reittiä kansa kulki, mutta perimätieto kertoo sen etsineen kauan uutta asuinpaikkaa. Vaikka oli alun perin täysin sisämaan kansaa, se kehitti matkansa varrella – tarkempaa tietoa ei ole – ihailtavat merenkulkijan taidot. Asetuttuaan saarille, jotka oli tarpeeksi etelässä, he alkoivat hankkia elantonsa merestä. He kalastivat ja rakensivat laivoja ja veneitä. Maan*

11

vaurauden perusta lepää kuitenkin guanossa, jota löytyi runsaasti itäisimmän saaren, itäjyrkänteiltä ja sen edustalla olevilta pieniltä saarilta. Saaren nimen vanhakielinen muoto, Suulasaari, onkin tullut noista suurista merilinnuista. Alkuaikoina guano tarjosi hyvän vientiartikkelin, ja sitä laivattiin paljon sekä lannoitteeksi että räjähdysaineteollisuuden käyttöön. Yhä vieläkin sillä on jossain määrin kysyntää, mutta ei enää yhtä paljon kuin vielä sata vuotta aikaisemmin - -,

kielen,
- - Saarten kansalla on kaksi kieltä, joista toinen on vanhahtava, melodinen ja runollinen ja toinen siitä kehittynyt lyhentyneistä sanoista ja soinnittomista äännähdyksistä koostuva muoto. Ulkomaalaiset sanovatkin, että Saarilla naiset sirkuttavat kuin linnut ja miehet haukahtelevat kuin koirat. Lyhyt kieli on kehittynyt kätevämmäksi ja väärinkäsitysten mahdollisuutta vähentäväksi tavaksi kommunikoida ankarissa luonnonolosuhteissa. Pitkä muoto on virallinen kieli, jota käytetään virallisissa ja juhlallisissa tilanteissa, ja se on myös opetuksen ja diplomatian kieli. Kaikki saarelaiset hallitsevat kummankin kielen - -,

yhteiskuntajärjestyksen,
- - koska miesväki oli vesillä suurimman osan vuotta, naiset huolehtivat kaikesta elämänmenosta, ja vähitellen maa kehittyi matriarkaaliseksi. Miesten paljon poissaolon takia kehittyi myös sellainen tapa, että jokaisella naisella oli kaksi miestä, merenmies ja maamies. Toisen ollessa merillä toinen oli kotona naisen apuna. Kun merenmies palasi kotiin, maamies muutti toiseen asumukseen, puolisotaloon, niin kauaksi aikaa kuin merenmies viipyi maissa. Lasten isyyden suhteen naisen sana oli määräävä. Lapsen biologinen isä saattoi olla kumpi mies tahansa, mutta nainen määräsi, kumpaa sanottiin lapsen isäksi. Sillä oli merkitystä perimyksen suhteen, sillä varsinkin merielinkeinoon liittyvä omaisuus periytyi isän kautta. Usein pojat osoitettiin merimiehelle ja tyttäret maamiehelle, mutta mikään sääntö se ei ollut. Nykyään kun saarille on tullut asukkaita muualta ja saarelaiset ovat matkustelleet paljon ulkomailla, vanhanaikaiset tavat ovat muuttumassa toisenlaisiksi. Silti tuskin koskaan löytyy naista, jolla olisi vain yksi mies. Ulkomaille naimisiin menneet naiset alkavat hyvin helposti vaatia toista miestä, jos heidän miehensä matkustelee, oli syy mikä tahansa.

Vaatimus aiheuttaa hämminkiä saarelaisten tapoihin tottumattomille miehille - -

- - Maata hallitsee johtaja, arvonimeltään vanema (vanhaemäntä) jonka naiset valitsevat tavallisesti keskuudestaan sen mukaan, kuka kulloinkin vaikuttaa olevan sopivin yleisen tilanteen huomioon ottaen. Myös mies voidaan valita, mutta sellaista ei muisteta tapahtuneen viimeisten viidensadan vuoden aikana. Johtajan asema on arvostettu mutta työteliäs; se on virka, joka vaatii suurta paneutumista ja laajaa näkemystä niin oman maan kuin naapurimaittenkin asioista. Myöskään ikä ei ole ratkaiseva tekijä. Johtaja on vallassa niin kauan kuin kulloinenkin tilanne vaatii tai hän haluaa ja jaksaa. Kaudet ovat tavallisesti pitkiä. Vanema on yksinvaltias, jonka sana ratkaisee kiistatilanteissa, mutta hänellä on apunaan eri alojen asiantuntijoista valittu neuvosto. Kansainväliseen diplomatiaan liittyviä asioita hoitaa tavallisesti mies, joka valitaan useimmin yliopiston poliittisen osaston professorien joukosta. Puolustusvoimat, poliisi ja rajavartiosto ovat myös miesjohtoisia mutta vanemalle alistettuja. Asepalvelus on kaikille vapaaehtoinen, ja puolustusvoimissa palvelee paljon ulkomaalaisia palkkasotureita. Rikollisuutta ei juuri ole, sillä rikoksiin syyllistyneet tuomitaan louhimaan guanoa. Se on niin kauheaa työtä, että ajatuskin moisesta rangaistuksesta panee vakavasti harkitsemaan rikoksen kannattavuutta - -,

tulevaisuuden

- - kaupungistumisen myötä monet asiat ovat muuttuneet myös Saarilla. Naiset ovat yhä enemmän vastuussa monista asioista. Miehet eivät enää ole yhtä innokkaita ryhtymään raskaaseen merenkulkutyöhön tai guanon louhintaan. Monet muuttavat naapurimaihin korkean teknologian työpaikkoihin. He ovat hyvin haluttuja, koska heillä on mm. erittäin kehittynyt kyky ajatella moniulotteisesti, avaruudellisesti. Vastapainona teknistyvälle maailmalle monet saarelaiset hankkivat elantonsa viljelemällä pientä maatilaa ja myymällä tuotteensa suoraan kuluttajille. Saarilla ei tunneta työttömyyttä; työvoimasta on kausittain jopa pulaa, ja sitä paikkaamaan käytetään muualta tulevia kausityöläisiä - -,

ja lipun

- - sinivalkoinen. *Sinisen kentän halkaisee vaakasuora, sahalaitainen juova. Ylempi sininen esittää taivasta ja alempi merta. Saarilla on molempia ylenpalttisesti, sekä merta että taivasta. Yleensä uskotaan, että valkoinen juova esittää meren vaahtopäitä, mutta niin ei ole. Pykälät ovat muisto kaukaisen kotimaan valkohuippuisista vuorijonoista - -.*

Lisäksi hän loi uskonnon
- - *maailmassa vallitsee voima, joka läpäisee kaiken. Se on välinpitämätön ja puolueeton, ja siihen saa yhteyden vain sisäkautta, tutkimalla itseään ja mielensä tilaa - - Luonnon syklit ovat osa tuota voimaa, eikä kukaan eikä mikään ole siitä erillään, ei edes Luoja - -,*

esihistorian
- - *esi-isät eivät olleet ihmisiä lainkaan, vaan suurten lintujen kaltaisia olentoja. Niin väittävät ikivanhat tarinat, niin vanhat, etteivät edes muistajavanhuksista vanhimmat tiedä kertoa niistä kuin epäselviä katkelmia. Jossakin kaukana pohjoisessa, niin kuiskivat legendat ajan aamuhämäristä, oli kaunis mutta karu maa, jossa nuo suuret linnut elivät. Ne liisivät pitkien siipiensä varassa lumen peittämien vuorenhuippujen yllä ja sukelsivat mereen sieppaamaan kaloja ravinnokseen - -,*

ja maantiedon
- - *kolme pientä saarta, jotka sijaitsevat trooppisella merellä hiukan pohjoiseen päiväntasaajasta. Suulasaari, itäisin, on saarista suurin. Se on saanut nimensä miljoonista merilinnuista, joita on aina pesinyt idänpuoleisilla jyrkillä kallioilla tuottaen loputtomat määrät arvokasta lannoitetta, guanoa. Saarten pääkaupunki, Kastma, sijaitsee siellä syvälle saareen pistävän suojaisen lahden perukassa - -*

- - *kivikkoinen, rutikuiva ja karu Kivikko, Saarista pienin, sijaitsee aivan lähellä Suulasaarta. Se on topografialtaan matalampi kuin kaksi muuta saarta ja siksi alttiimpi trooppisten myrskyjen tuholle. Makea vesi tehdään siellä merivedestä, sillä saarella ei ole luonnollisia makean veden lähteitä. Saarelaisilla on tapana sanoa Kivikkoa hyödyttömäksi kivikasaksi, mutta se on rämäpäisten seikkailijoitten suosima lomailupaikka. Kivikkoa ympäröivät vaaralliset, vedenalaiset kivi- ja korallimuodostelmat tarjoavat erinomaisen paikan vaarantaa henkensä*

14

ja testata uskalluksensa ja kykyjensä rajoja. Merivesi on siellä kristal-
linkirkasta ja kuhisee eksoottisia ja enimmäkseen vaarallisia kaloja ja
merieläimiä - -

- - kolmas saari, Helmiriutta, puhekielessä pelkkä Riutta, on saarista
kaunein ja rauhallisin. Suulasaaren tavoin silläkin on suojaisa satama,
ja makeaa vettä ja rehevää kasvullisuutta riittää siellä yltäkylläisesti.
Riutalla sijaitsee kansainvälisesti suosittu yliopisto, suuria laivaveis-
tämöitä ja helmenkasvattamoita, jotka tuottavat maailman kauneimmat
helmet. Lukemattomissa pienissä taiteilijoitten ja käsityöläisten vers-
taissa valmistetut ihastuttavat koruesineet houkuttelevat matkailijoita
kaikkialta maailmasta - -.

Hän tutustuu Saarten naapurimaihin ja niitten kulttuureihin ja kieliin, ja
solmii hyödyllisiä sopimuksia niitten kanssa. Hän on onnellinen Luoja
maailmassa, joka syntyy hänen silmiensä edessä tyhjästä.
    Ja hän pystyy menemään siihen maailmaan.

Niin kaikki tapahtuu. Niin kaikki syntyy: tyhjästä, Luojansa tahdon
ohjaamana.

2. Luku
        jossa Aasla hakee töitä ja hänen moraalinsa tila arvellaan
        epäilyttäväksi. Tutustutaan henkilöön, joka edustaa tervet-
        tä järkeä. Luodaan ruohonjuuritason silmäys ikärasismiin
        ja valtakunnalliseen työvoimapolitiikkaan.

Aasla napsauttaa reiät paperin reunan ja tallentaa sen huolellisesti
kansioon, jossa on ennestään paksu nippu samanlaisia papereita. Hän ei
ole numeroinut niitä – pitäähän sitä sentään olla edes hiukan ylpeyttä –
mutta hänellä on käsitys, että niitä on aivan liikaa.
    Ne ovat työpaikkahakemuksia. Hänen cv:nsä on kansiossa heti en-
simmäisenä. Seuraavana ovat hänen koulu- ja työtodistuksensa, kopi-
oineen. Tietysti cv on hänellä myös koneella, jossa hän tuoreuttaa sitä
aika ajoin ja printtaa ulos uuden version. Viime aikoina siihen ei ole
ollut mitään lisättävää, ainakaan työpaikkoja. Hän miettii usein masen-
tuneena, mitä sellaista paperissa pitäisi lukea, mikä kiinnostaisi työnan-
tajia. Mikään kohta hänen työkokemuksissaan tai opillisissa saavutuk-

sissaan ei riitä ylittämään niitten kiinnostuskynnystä sen jälkeen kun ne ovat huomanneet hänen syntymäaikansa. Se kynnys näyttää olevan ylittämätön. Hän on suunnitellut jättävänsä syntymäaikansa pois, kokeilikin kerran, mutta huonolla tuloksella. Hän ei voi väärentääkään sitä, se näkyy kaikissa papereissa, koulu- ja työtodistuksissa. Siitä ei pääse millään eroon. Näin vanhana hän ei kelpaa edes siivoojaksi. Siivoojaksi nyt ei varsinkaan, nivelrikkonsa kanssa. Hän on jo käynyt merkillisen jäykäksi ja varoo lonkkaansa, jota vihlaisee ilkeästi joissakin asennoissa.

Tietenkin hänellä on vaatimuksia työn suhteen itselläänkin – hänen pitää saada siitä palkkaa edes sen verran että pystyy maksamaan vuokransa ja kustantamaan itselleen säällisen elintason. Hänen viisisataa vuorokauttaan ansiopäivärahalla ovat jo täyttyneet. Hän on pudonnut niukoilta tuloilta vieläkin niukemmille tuloille. Hän osaa olla äärettömän kiitollinen hyvästä sosiaaliturvasta. Saahan hän asumistukea, jonka turvin voi edelleen asua vuosi vuodelta nuhjuisemmaksi käyvässä yksiössä. Hänellä ei ole varaa kohentaa ränsistyviä kirpputorihuonekalujaan.

Kirpputoreistakin hän osaa olla kiitollinen.

Saatuaan työhakemuspaperit postituskuntoon Aasla ryhtyy kattamaan kahvipöytää. Hänen vanha ystävänsä Iris on luvannut piipahtaa siemaisemassa kupillisen. Aasla asettaa kaksi pulleaa korvapuustia lautaselle ja alkaa ladata kahvinkeitintä. Hän napsauttaa sen päälle juuri kun ovikello soi. Iris touhottaa sisälle. Hän on vilkasliikkeinen ja väittää, että kesän lämpö tekee hänestä entistäkin liukasliikkeisemmän.

– Talvipakkasella kohmetun kerta kaikkiaan! hänellä on tapana väittää.

– Varmaan olen ollut käärme tai joku muu matelija edellisessä elämässäni.

Aasla miettii aina sen kuultuaan huvittuneena, että Iriksessä tosiaan on jotakin matelijamaista, mutta ei niinkään käärmeen kuin liskon tapaista. Hän saattaa lekotella paikallaan kuin sisilisko kivellä ja sitten yhtäkkiä ponkaista liikkeelle kuin piilokoloon vilahtava lisko. Tai ehkä krokotiili. Liikkuvathan nekin tarvittaessa liukkaasti.

– Tulit juuri sopivasti, hän sanoo, ja äänekkäästi korahteleva kahvinkeitin todistaa väitteen oikeaksi. – Istu alas niin kaadan.

Naiset asettuvat mukavasti aloilleen nauttiakseen hyvästä kahvista ja toistensa seurasta niin kuin vain naiset voivat.

– No, mitä sinulle kuuluu? Aasla ehtii kysyä ensin.

16

– Mitäs minulle, mutta sinä olet varsinainen kehdonryöstäjä! Iriksen huulet ovat mutrussa. Arvostelevassa mutrussa. Hän taittaa korvapuustista palasen ja työntää sen suuhunsa. Arvosteleva mutristus ei katoa edes siksi ajaksi, jonka pullanpalan sujahtaminen suuhun tarvitsee. Aaslan kahvikuppia nostava käsi pysähtyy puolimatkaan suun ja tassin väliin. – Kehdonryöstäjä?

– Sinulla on kuulemma kierroksessa joku poika. Aaslalta vie hetken ennen kuin hän tajuaa. – Tarkoitatko Jerneitä? Sitä sloveenipoikaa?

– En minä tiedä hänen kansalaisuuttaan. Kuulin vain sellaisen jutun.

– Keneltä?

– Kunhan kuulin.

– No ei se ole salaisuus. Olen kertonut hänestä kaikille. Facebookissakin. Että meillä on yhteinen harrastus. Ei ole tullut mieleenikään, että joku voisi ajatella jotain tuommoista. Kehdonryöstäjä! Justiinsa.

Aaslan kuppi pääsee huulille asti ja hän siemaisee kahviaan.

– En olisi uskonut että pidät minua niin epätoivoisena että sekaantuisin lapsiin! Kaikkea sitä kuuleekin!

– Ei se ole harvinaista, Iris sanoo. – Madonnallakin on hupipoika.

Aasla purskahtaa nauruun. – Madonna on rikas ja laiha. Varsinkin edellisestä on hyötyä jos haluaa pyöriä poikakollien kanssa. Haluaisitko sinä?

– No en.

– Mutta arvelit minun haluavan? Minun?

– Onhan niitä puumanaisia nykyään, puolustautuu Iris. Häntäkin naurattaa, ja huulten mutru on tasoittunut niin paljon kuin voi sen ikäisellä naisella. Iriksellä on taipumusta paheksua asioita, eikä se tee hyvää ylähuulelle. Voi kyllä olla niinkin, että ylähuuli ei tule ihan ensimmäiseksi mieleen silloin kun lähtee paheksunnan tielle. Maailmassa kun kieltämättä on paljon paheksuttavaa. Aasla tulee ajatelleeksi, kuinka tavallisia sellaiset huulirypyt ovat hänen ikäisillään naisilla. Kaipa he alkavat olla myrkynkeittoiässä. Hän sivelee mietteliäänä ylähuultaan. Karhea karva tuntuu sormenpään alla. Pitäisi viiksikarvatkin nyppiä.

– Pitäisi viiksikarvatkin nyppiä, hän huokaisee. – Eikö olekin pirullista vanhentua? Hiukset harvenevat mutta naamakarvat tiuhentuvat.

Iris nyökkää. Hänen viiksikarvansa ovat vielä pahemmat kuin Aaslan, sillä ne ovat mustia. Nuorempana hänellä oli tapana naureskella, että musta juova naisen ylähuulella oli merkki intohimoisesta luonteesta. Enää se ei naurata. – Harmaantuisivat edes niin eivät näkyisi niin selvästi. Hänkin huokaisee.

– Otatko vielä kahvia? Aasla nousee ja menee keittiöön hakemaan kannua. Kupit täytettyään hän jää hetkeksi seisomaan ja katsomaan arvostelevasti Iristä. – Sinä olet laihtunut, hän sanoo sitten. – Karppaatko taas?

– Joo, karppaan, Iris sanoo, – mutta en liian tiukasti. Hän heilauttaa korvapuustiaan. – Kuten huomaat.

– Minä en pysty siihenkään, Aasla toteaa alakuloisesti. – Yritän kyllä katsoa etten mässytä sokeria, mutta vehnäjauhoja on vaikea välttää.

– Eikä ole. Ethän sinä nykyään edes syö muuta leivänpuolta kuin hiivatonta ruisleipää. Sanoit itse niin.

– Joo, totta, mutta siltikin… Tuoreet sämpylät ovat niin ihania. Sellaiset vastapaistetut. Se tuoksu ja rapea kuori ja—

– Keinotekoista kaikki, kiekaisee Iris. – Tuoksu saadaan glukoosisiirapilla. Isoilla koneilla vatkaavat niin että taikina on ilmaa täynnä, ihan höttöä. Sitten korkea kilohinta ja—

– Tiedän, mutta siltikin. Muuten, näin toissayönä unta, että söin sokeria oikein lusikalla. Isosta kangassäkistä. Isolla lusikalla, ruokalusikalla. Sitten lapioin sitä samalla lusikalla kermaviilin päälle. Voitko kuvitella? Kermaviilin!

– Mitä tuo nyt muka, väheksyy Iris. – Minä olen laittanut pahimpina aikoinani sokeria turkkilaisen jukurtin päälle, ihan oikeasti. Siinä on kymmenen prosenttia rasvaa. Ja söin puoli ämpäriä keralla. Se tekee puoli kiloa ja sokerit päälle.

– Kuulostaa pahalta, myöntää Aasla. Häntä hiukan huvittaa Iriksen ainainen tarve panna kaikki paremmaksi, tai pahemmaksi. Ei hän tarkoita pahaa, hän vain on sellainen. On ollut aina, ainakin niin kauan kuin he ovat tunteneet. Mikä on yhtä kuin melkein aina. Heidän ystävyytensä on aina hieman huvittanut häntä. Jos maailmassa voi olla kahta täysin erilaista ihmistä, niin he ne ovat. Silti, tai ehkä sen vuoksi, he ovat hyvät ystävät. Toisinaan Aasla kyllä hieman epäilee ystävyyden syvyyttä. Toimiva ystävyys se kuitenkin on. Aasla jää hetkeksi miettimään käsitettä toimiva ystävyys. Mitä se tarkoittaa? Iriksen ja hänen kohdalla se tarkoittaa leppoisaa juoruilua kahvikupin yli tai satunnaista konserteissa tai elokuvissa käyntiä, ja joskus he kiertelevät koko päivän kaupoissa hypistelemässä vaatteita. Niillä shoppailuorgioilla ei ole ostamisen tarkoitusta, ajanvietteen vain.

Iris on töissä melko suuren yrityksen kirjanpitopuolella, ja Aaslan mielestä hän on synnynnäinen numeronikkari ja pihistelijä. Hän ei osta mitään tutkimatta ensin kaikkia vaihtoehtoja ja kilpailuttamatta myyjiä. Toisaalta hänellä on rahaa, toisin kuin Aaslalla, joka on ollut työttömänä siitä asti kuin hänen työpaikkansa myytiin ruotsalaisille ja sulautettiin vastaavaan ruotsalaisyritykseen. Se tiesi henkilöstön päällekkäisyyksien saneeraamista eli potkuja suomalaisille. Vain muutama ylimmän johdon mies sai pitää työpaikkansa. Aaslan kaltainen ei enää nuori rivikonttoristi sai lähteä ensimmäisten joukossa.

Melkein kuin lukisi hänen ajatuksensa, Iris kysyy: – Joko on tietoa työpaikasta?

– Ei. Tilanne on sama kuin ennenkin. En päässyt työttömyyskursseillekaan vaikka laitoin paperit vetämään kolmeen erilaiseen. Eivät ne ota näin vanhoja.

– Hoitoalalla on kauhea puute työntekijöistä. Oletko—

– Olen. Väärä koulutus, mutta kursseille en pääse. Hain lähihoitajakouluun, kaksi kertaa. Eivät huolineet. Sopivampia on kuulemma tarjolla niin paljon että—

– Justiinsa.

– Onhan minulla tämä nivelrikkokin. En ehkä pystyisi nostelemaan potilaita.

– Ei niitä nostella käsivarassa. Nykyään on kaikenlaisia nostolaitteita.

– Niin kai sitten, mutta kun en pääse edes kokeilemaan, pystyisinkö siihen.

– Mitä itse luulet, pystyisitkö?

– Kai minä siinä missä muutkin. Ainakin muutaman vuoden. Onhan se rankkaa työtä se mitä hoitoalan ihmiset tekevät. En kyllä ole kauhean sosiaalinen, mutta työ kuin työ. Mutta kun eivät huoli edes siivoojaksi.

– Siivoaminen onkin tarkkaa hommaa nykyään. Meilläkin firmassa mittasivat metrinmitalla lattiat että mitä myöten kukin konettaan ajelee. Siis niitä lattiansiivouskoneita. Nuoriahan ne siivoojat ovat ja puhuvat milloin mitäkin kieltä.

– Niin, sellaiset kelpaavat mutta vanha suomalainen ei.

– Et suinkaan ole antanut periksi? Työpaikkoja on mollissa tuhansia.

– Niin on, mutta kun ei niistä ei kuulu pihaustakaan vastaukseksi hakemukseen. Ne vilkaisevat syntymäaikaa ja nakkaavat paperin alavinoon suoraan roskikseen. Sinne se menee, usko pois. Luulisi että edes kohteliaisuuden nimissä vastattaisiin jotain, mutta kun ei.

– Minä olen vanhempi kuin sinä, Iris huomauttaa, – ja olen töissä. Näyttää siltä että kohta en pääse edes eläkkeelle. Työt ovat vain lisääntyneet viime vuosina.

– Se onkin hullua, myöntää Aasla. – Toiset tapetaan työllä ja toiset työttömyydellä. Mutta en minä valita. Nuoret tässä vain säälittävät. Sama tämmöiselle muorille, olenhan minä saanut tehdä töitä ihan riittävästi elämässäni, mutta nuoret nykyään... Kun eivät pääse ollenkaan elämän reunaan kiinni. Meillä oli ihan toisin kun olimme nuoria. Töitä oli niin että sen kuin vaan valitsi mitä halusi tehdä ja missä päin Suomea.

– Totta, mutta nykyään pitää osata olla aktiivinen työnhaussa. Kilometrejä tehtailee niin moni, että hiljaiset hissukat jäävät aivan huomaamatta.

– Niinpä. Pitäisi olla jokin briljantti ominaisuus jonka voisi nostaa esiin valttikorttinaan. Minulla ei ole mitään sellaista.

– Olethan sinä kielitaitoinen ja osaat käyttää tietokonetta ja—

– Kuten kymmenentuhatta iältään siinä kolmanneksen siitä mitä minä.

– Sinä olet antanut periksi. Oleilet vain joutilaana etkä edes yritä saada töitä.

– Niin kai sitten. Mutta luuletko, että se on hauskaa? Joka ikinen ihminen katsoo asiakseen kyrmyyttää minua tuolla samalla lailla kuin sinä. En saisi sanoa itseäni edes luuseriksi. Työtätekeviä ihmisiä näyttää loukkaavan se, että joku myöntää olevansa kelkasta pudotettu ja joutilas ihminen. Työvoimatoimisto ja Kela tekevät kaikkensa jotta tuntisin itseni nöyryytetyksi ja hyödyttömäksi taakaksi viranomaisille. Kenellekään ei näytä tulevan mieleen, että olen tehnyt töitä lapsesta asti, kymmeniä vuosia, ja varmasti maksanut oman osuuteni sosiaaliturvasta veroina sun muina maksuina.

– En tarkoittanut mitään pahaa, Iris sanoo sovittelevasti.

– Ei ne muutkaan, koskaan. Mitäpä tuosta. Olen jo parkkiintunut.

3. Luku

jossa tapahtuu kummia kerrostalossa, muistellaan hurjaa nuoruutta ja vertaillaan matkustelun lajeja.

Naiset juovat kahviaan tovin hiljaisuuden vallassa. Aasla miettii työttömyyttään, ja Iriksen ajatusten suunta selviää pian, sillä hän purskahtaa yhtäkkiä nauruun ja sanoo: – Et ikinä usko, mitä minulle tapahtui viime yönä!

– No mitä?

– Heräsin keskellä yötä enkä heti tajunnut, mikä minut herätti. Aikani ihmeteltyäni tajusin, että jostain kuului omituinen ääni.

– Minkälainen ääni?

– Semmoinen suriseva ja nakuttava joka kaikui koko asunnossa niin, että en oikein tajunnut, mistä se kuului. No, minä ajattelin, että ei kerrostalossa voi olla mitään vaarallista, ja ainahan niitä kolinoita ja surinoita kuuluu siellä missä asuu ihmisiä yllä ja alla ja molemmilla sivuilla. En olisi millään viitsinyt nousta sen takia.

– Missä Paavo oli?

– Missä lie. Olisiko ollut Berliinissä? Joka tapauksessa olin yksin kotona.

– Selvisikö se? Että mikä se oli?

– Yhtäkkiä ääni koveni niin että se ihan kiskaisi minut sängystä ylös. Hetken siinä kuulostelin kunnes käsitin äänen tulevan kylpyhuoneesta. Hiivin sinne ja raotin oikein varovaisesti kylppärin ovea. Siellä sisällä ääni kajahteli oikein kovana. Pakotin itseni menemään sisälle. Ääni kuului peilikaapista lavuaarin yläpuolelta. Avasin oven todella varovaisesti, ja arvaa mitä! Kaapista hyppäsi ladyfinger lavuaariin ja surisi niin vimmatusti kuin ikinä! Minä en jaksa ymmärtää, miten se oli voinut mennä itsestään päälle.

Aaslankin on pakko nauraa. Hän saattaa kuvitella tilanteen mielessään. Ällistyneen Iriksen uhkeana yöpaidassaan, ja lavuaarissa kiukkuisesti tirraavan hopeanvärisen seksilelun.

– Iris! En ole osannut kuvitellakaan, että sinä harrastat semmoisia kapineita! Mitä Paavo siitä tykkää?

– Tykkää mitä tykkää, se ei ole tässä oleellista, tiuskahtaa Iris.

– Oleellista on se, miten sellainen laite voi mennä itsestään päälle!

21

Aasla nauraa niin että vesi roiskuu silmistä. – En minä tiedä. Olen lukenut jostakin, että ufon lähestyminen saa sähkölaiteet käynnistymään itsekseen. Ehkä sinne jonnekin lähelle laskeutui avaruusalus? Iris tuijottaa häntä hetken sanattomana. Sitten hänkin purskahtaa nauruun. – Nyt se sitten on tapahtunut. Marsilaiset ovat täällä, enkä ehtinyt päästä normaalipainoon.

– Miten se tähän liittyy? ällistyy Aasla.

– Ei niin mitenkään, myöntää Iris, – se vain tuli ensimmäiseksi mieleeni.

Hetken mietittyään Aaslan on pakko myöntää, että luultavasti sama asia tulisi hänenkin mieleensä äkkilopun lähestyessä. Iriksen mielestä marsilaiset merkitsevät samaa kuin äkkiloppu, tai ainakin melkein.

– Tuosta tulikin jonkin merkillisen aasinsillan kautta mieleeni, että kyllä minä itse asiassa olen maannut alle kaksikymppisen pojan kanssa, Aasla sanoo.

– Oikeinko oikeasti? Sekstasit?

– Oikein oikeasti. Kumma miten olinkin unohtanut sen. Siitä on jo kauhean pitkä aika, olin silloin itse jotain kaksiviisi.

– Uskomatonta! Tuo minun pitää kyllä kuulla! Alahan kertoa!

Aaslaa naurattaa. – Ei se ollut mitenkään ihmeellinen juttu, hän sanoo kevyesti. – Ne olivat opiskelijabileet, tuttavantuttavan asunnossa Hesassa. Itse en enää opiskellut; olin sen tuttavani kutsusta mukana kun satuin olemaan käymässä. Hieno kämppä se kyllä oli, isoja huoneita ja katto korkealla. Ihan keskustassa. Bileet venähtivät ja osa porukasta jäi yöksi, minä muitten mukana. Porukka oli iältään enimmäkseen siinä kahdenkymmenen kahta puolta. Poika, jonka kimppuun iskin harkitun humalaisesti yön pimeydessä, oli yhdeksäntoistavuotias. Hän oli joku sen tuttavani sukulainen. Pikkuserkku tai jotain.

– Viettelit pojan yön pimeydessä! Iris kuulostaa sekä järkyttyneeltä että huvittuneelta. – Sinä?

– Miksi en minä? Sehän oli sitä aikaa, jos muistat, seitsemänkymmenluvun alkupuolta kun seksi vapautui kahleistaan. Oli e-pillerit ja kaikki mutta aidsista ei hajuakaan.

– Kyllähän jotain kuiskailtiin homojen taudista, muistuttaa Iris.

– Kyllä, kyllä, mutta homoja oli niin vähän silloin, että heidän tautinsa ei jaksanut kiinnostaa ketään.

22

– Selvä se, mutta jatka, kehoittaa Iris. Hän oikein kumartuu lähemmäksi Aaslaa kuullakseen jokaisen sanan tästä yllättävästä muisteluksesta. – Miten se tapahtui?

– En yhtään muista, mistä sain päähäni vietellä sen pojan, tunnustaa Aasla. – Olihan siinä juotu pullokaupalla viiniä, joten kummako tuo jos en muista ihan kaikkia yksityiskohtia. Sanotaan vaikka niin, että se oli humalaisen naisen päähänpisto.

– Ja...?

– Ei siinä mitään ihmeellistä ollut. Paljonko sellaista nuorukaista tarvitsee kopaista kun se on jo valmis käymään miehen töihin? Toisaalta vaikutti kyllä vähän siltä, Aasla hymyilee, – että tapaus oli laatuaan pojalle ensimmäinen.

– E-ei kai, epäilee Iris, – hesalainen ja kaikkea... Kyllä siihen ikään mennessä normaali nuori mies on jo ehtinyt päästä viivan makuun.

– Se oli ujonsorttinen, muistelee Aasla, – ihan hyvän näköinen, mutta vielä sen verran finninen, että aersteli tyttöjä.

Iris remauttaa naurun. – Ja sinä päätit korkata pojan tuosta vain! En olisi uskonut sinusta!

– Mikset muka?

– Ethän sinä ikinä lähtenyt mukaan kun mentiin tanssimaan lauantai-iltana. Sanoit aina ettet ymmärrä mitä huvia siitä muka saa.

– Niin, se on totta, myöntää Aasla. – Minä kypsyin hitaasti. En ollut vielä kahteenkymmeneen mennessä kiinnostunut kenestäkään, enkä huomannut kenenkään olevan kiinnostunut minusta. Vasta sitten aloin tutustua elämän siihen puoleen. Sain todeta, että minulla oli paljon tekemistä jos mielin saada kokemusten runsaudessa kiinni teidät muut. Mutta panin parastani, niin sanoakseni.

Naiset nauravat sydämensä pohjasta. Sitten Iris kysyy: – No, mitä sitten tapahtui?

– Ei mitään. Minut juhliin kutsunut tuttava kyllä hiukan myöhemmin kertoi ihmetelleensä, mitä serkkupojalle oli tapahtunut, se kun oli muuttunut niin paljon bileitten jälkeen. Jotenkin miehistynyt ja iskenyt kiinni opintoihinsa kuin villitty.

– Mitä sinä sanoit? Kerroitko?

– En. Mitäpä se hänelle kuului? Yksityisasia.

– Niinpä. Mutta kyllä sinä jaksat yllättää... Onko sitä kahvia vielä? Aasla nousee kaatamaan kupilliset.

23

– Muuten, olen lähdössä tyttöjen kanssa Tarttoon ensi kuussa. Tuletko mukaan? Iris sanoo. – Se olisi hauskaa, eikö vain?
– Tyttöjen?
– Uusi miniäntekele, naurahtaa Iris. – Ihan ihmettelin kun tahtoi lähteä Jannan ja minun mukaan.
– Ai jaa.
Aasla tietää, että Iriksen poika on haluton sitoutumaan, ainakin jos mitään voi päätellä tyttöystävien vaihtumisvauhdista.
– Minkälainen tyttö Jessellä on tällä kertaa? Edellisestä et muistaakseni tykännyt.
– Ihan lupaava, Iris sanoo. – Mutta mitä sanot? Tuletko mukaan?
– Tiedäthän sinä, että minä en matkustele nykyään juuri ollenkaan. Nuorena sain sitä lajia ihan tarpeeksi.
– Muistan sen, Iris myöntää. – Olit milloin missäkin joka ikisellä lomalla. Että jaksoitkin reissata.
– Minua kauhistutti ajatus, että juuttuisin paikalleni lopuksi ikääni. Loppujen lopuksi – Aasla kohauttaa olkapäitään – juuri niin minulle kävi. Tässähän olen kuin tikku paskassa enkä liiku minnekään.
– Kävithän sinä Venäjällä viime kesänä.
– No kävin, teki mieli Viipuriin. Samalla reissulla piipahdin Pietarissakin. Mutta muuten en edes muista, milloin olen ollut ulkomailla. Matkailen enemmän sisäkautta.
– Se kuulostaa niin höpöltä, Iris sanoo suoraan.
– Niin varmaan, sinusta, nauraa Aasla. – Minulle se kumminkin on halpa tapa kiertää maailmankaikkeutta.
– Mutta se ei ole samaa kuin oikea matkustaminen, väittää Iris itsepintaisesti.
– Se tuntuu aivan samanlaiselta, Aasla sanoo rauhallisesti, – ja se riittää minulle oikein hyvin. Sitä paitsi ethän sinäkään kainostele kun haluat kysyä jotakin tulevaisuudestasi. Kuinka monta kertaa olen saanut tehdä matkan sinun takiasi?
Iris nolostuu hiukan. Hän hypistelee paksua kultaketjua, joka lepää ruskettuneella rinnalla tyylikkään kesämekon kaula-aukossa. Ketju katoaa uhkean rintamuksen uumeniin. Iris edustaa pitkäsääristä, runsaspovista vartalonmallia, jonka päällä vaatteet ovat paremmin edukseen kuin Aaslalla, joka on perinteisen persjalkainen.
– Se on eri asia, Iris väittää sitten. – Enhän minä oikeastaan usko niihin... ennustuksiin.

Aasla nauraa. – Uskoko siinä vaikuttaa? Et tykkää minun sisämat-
kailusta, koska et usko niihin ennustuksiin, joita niin hanakasti kuunte-
let?

Mutta Iris haluaa vaihtaa puheenaihetta ja palaa omaan matkasuun-
nitelmaansa. – Tartto on kuule ihana paikka. Ihana! Voisin vaikka asua
siellä. Ehkä asunkin, sitten eläkkeellä.

– Mihin jättäisit Paavon? Häntä tuskin sinne saisit.

Iris synkkenee. – Ilonpilaaja!

Mutta sitten hän nauraa. – Paavo tekee mitä minä haluan! Uskotko
että vieläkin hän syö kädestäni, jos niin haluan. Neljänkymmenen
vuoden jälkeen!

– Uskon kyllä, Aasla sanoo. – Mutta eikö kumminkin ole niin, että
siitä kädestä syömisestä ei ole suurta iloa jos ukko muuten alkaa olla
kuin pakkasen panema potunvarsi?

– Pakkasen panema…? Iris jää tuijottamaan Aaslaa. – Juu, ei meillä
muu panekaan kuin pakkanen.

– Ja sinä vaan ladyfingerillä tiruutat, huokaisee Aasla.

– Millä itse tiruutat? Iris tiuskaisee. – Sinullahan ei ole potunvarsia-
kaan.

– Olenhan minä kertonut, että osaan pyydystää kenet vain tantra-
verkollani, Aasla hymyilee. – Sinä et usko sitäkään. Minun ei tarvitse
kituuttaa minkään puutteessa, eikä passata vanhenevaa ukonturjaketta.
Se ei varmastikaan ole herkkua.

– No ei se aina ole, myöntää Iiris, – mutta onhan avioliitto muuta-
kin.

– Niinpä, varsinkin sitä muuta, mutta minä olen osaani kaikin puo-
lin tyytyväinen ihan näin. Minullahan on kaikki, sitä myöten. Varsinkin
sitä, Aasla virnistää, – ja kun nyt menet Tarttoon, siellä sinullakin on
varmasti mahdollisuus panna bikinirajaan muutakin vipinää kuin se
mitä tarvitaan karvanpoistoon.

– Kun mukana on tytär ja miniä, paljonko luulet minun ehtivän rie-
hua?

– Ihan tarpeeksi paljon, ennustaa Aasla tyynesti.

25

4. Luku

jossa poiketaan Afrikassa tutustumassa alustavasti henkilöön, joka aiheuttaa kohta runsaasti päänvaivaa. Aasla tunnistaa paikkansa ihmiskunnan sukupuussa, ja ystävykset harjoittavat öistä matkailua.

Lentokenttä jossakin, pimeimmässä Afrikassa. Kirjaimellisesti, sillä keskiyö on jo takanapäin ja pimeys sen mukainen. Se ei ole mikään hieno kenttä, paremminkin vain pensaikkoiseen savanniin suurinpiirtein tasaiseksi vetäisty kiitorata, vieressään ruosteen alle luhistumassa oleva aaltopeltihökkeli ja pätkä niin ikään ruosteista verkkoaitaa. Aidan vieressä seisoo kolhuinen jeeppi. Sen etuvalot kiiluvat pimeässä kuin jonkin esihistoriallisen pedon silmät. Voisi luulla, että kentälle ei ole laskeutunut ainuttakaan konetta moneen vuoteen. Mutta se on harhaluuloa. Nytkin sillä on kone, ja suuri. Aivan kiitoradan, jos tuota rutikuivaa kynnöspeltoa voi sellaiseksi sanoa, kauimmaisessa päässä nostattaa kierroksiaan vanha venäläinen rahtikone, Iljušhin IL 76. Sen lentäjä näkee kaukana – itse asiassa ihan liian lähellä – heikot valot, jotka osoittavat kiitoradan päätä. Viimeistään siinä pitää löytyä ilmaa laskutelineitten alta.

Lentäjä ei kuitenkaan osoita pienintäkään hermostumisen merkkiä. Hän tietää, mitä tekee. Hän tuntee koneen. Hän on lentänyt sillä enemmän kuin kaksikymmentä vuotta.

Satunnainen katselija kyllä osoittaisi hermostumisen merkkejä kun jättiläinen lähtee etenemään yhä kiihtyvällä vauhdilla kohti kaukana kiiluvia, heikkoja valoja. Hirvittävä, korviaraastava, kirkuva jylinä ravisuttaa pensaikkoa yhä vain voimistuen. Aivan viime hetkellä, kun tuho näyttää jo väistämättömältä, nokka kohoaa. Melkein heti nousun jälkeen valtava lentokone kaartaa vasemmalle ja katoaa matalalla oleviin pilviin.

Neljän suihkumoottorin luonteenomainen ääni katoaa pian kaukaisuuteen, ja on kuin kentällä ei olisi koskaan ollutkaan mitään. Kiitorata on taas pimeä kaistale pimeintä Afrikkaa. Radan vieressä seisonut kolhuinen jeeppikin on ajanut pois vetäen perässään pölypilveä, jota kukaan ei ole näkemässä.

– Minulle soitti muuan mukahyvä ystävä. Sillä mitään asiaakaan, kunhan hattuili. Jernei kuulostaa harmistuneelta.

– On minullakin niitä sen sortin ystäviä, Aasla sanoo myötätuntoisesti. – Tapasinkin sellaisen ihan äskettäin.

– Mitä se sanoi?

– Sitä tavallista. Antoi taas tulla täyslaidalta. Että miksi en tee sitä ja tätä. Että miksi en hae sitä ja tätä työtä. Kun sinne ja tänne pääsisi ihan varmasti. Kun vain viitsisin hakea.

– Se on inhottavaa.

– Jep, rasittaahan se. Varsinkin kun tunnen itseni juuri niin luuseriksi kuin se antoi minun ymmärtää.

– Entä mitä sinä teit? Annoit sen kuulla kunniansa?

– Päinvastoin, sehän se antoi minun kuulla kunniani. Siinä minä kuuntelin korvat luimussa. Olin kuin torakka jota huiskitaan luudalla pois. Peräännyin perse edellä lattianrakoon. Tuntosarvet vain jäivät viipottamaan näkyville. Äläkä sinä naura!

– Anteeksi, mutta pakkohan tuolle on nauraa. Torakka!

– Sellainen tässä ollaan. Aaslakin purskahtaa nauruun. Voi, miten hyvää tekee nauraa yhdessä Jernein kanssa.

– Onneksi sinulla on hyvä huumorintaju, Jernei sanoo.

– On siitä lohtua, Aaslan täytyy myöntää. – Se vain ei maksa laskuja. Mutta olen vähään tyytyväinen. Elämässä on muutakin kuin raha. Vaikka ei siitäkään haittaa ole.

– Ei niin.

– Minulla on pian tapaaminen työvoimaneuvojan kanssa. Sain ukaasin tulla kuulemaan tuomioni taas kerran.

– Hyvin se menee, Jernei sanoo varmasti.

– Sitä en epäilekään, Aasla myöntää, – muttei siitä kumminkaan mitään hyötyä ole. Edustan nykyihmisen alalajia Homo Sapiens Luuseriens.

– Tarkemmin sanottuna sen sivuhaaraa Huumoriens, nauraa Jernei. – Panet kaiken nauruksi.

– Parempi nauraa kuin tiristää itkua joka asiasta.

– Niinpä. Muuten, uskotko sinä edellisiin elämiin?

– En todellakaan, Aasla sanoo. – Koska aika ei kulu minnekään, ei elämiä voi olla perätysten.

– Kyllähän monet uskovat eläneensä ennenkin, huomauttaa Jernei. – Dokumentoituja tapauksia löytyy pilvin pimein.

27

– En sanonut, ettei elämiä voisi olla useita. Tietenkin niitä on, lukemattomia. Ne vain eivät ole edellisiä tai jälkimmäisiä, vaan kaikki tapahtuvat – jos niin voi sanoa elämästä – samanaikaisesti.

– Sellaista ei ole helppo ymmärtää.

– Ei, mutta jos vähänkin ajattelee, se on päivänselvää.

– Kukapa normaali ihminen semmoista ajattelisi, nauraa Jernei.

– Niinpä, huokaisee Aasla. – Normaalit ihmiset uskovat mieluummin kaikenlaiseen hölynpölyyn. Henkiin, kummituksiin, ennustuksiin.

– Maailmassa kyllä tapahtuu kaikenlaista outoa. Olenhan minäkin nähnyt puitten tanssivan, Jernei huomauttaa. – Ja osaan mennä toisten uniin.

– Niin minäkin, sen lisäksi että teen matkoja, hm, sisäkautta, jos niin voi sanoa.

– Olet noita.

– No en todellakaan ole! Kauhea ajatuskin. Suvussani on ollut noitia, ja perimätieto kertoo niistä rumia asioita.

– Jos et noita niin mikä sitten?

– Kukapa tuon tiennee? Ehkä minulla on vain hyvä mielikuvitus.

– Niin varmaan minullakin!

He nauravat. Sitten Jernei vakavoituu ja sanoo: – Voitaisiin kokeilla joskus tapaamista unessa.

– Loistava ajatus! Missä tapaisimme? Ehdota joku paikka.

– Odotas niin mietin... Minkälainen paikka sen pitää olla?

– Ei sen väliä. Pääasia että löydämme ja tunnistamme sen helposti. Unessahan kaikki saattaa näyttää oudolta.

– Sloveniassa on järvi nimeltä Bled. Siinä on saari ja saaressa linna. Se on helppo löytää.

– Selvä. Katson sitä netistä että tunnen kun lentelen siellä päin.

– Kokeillaanko jo ensi yönä?

– Kokeillaan vaan.

– Nähdään siis yöllä!

– Nähdään!

Aasla etsii illalla Bled-järven Google Earthilla. Hän katselee kauan järveä, läheltä ja kaukaa, ja painaa mieleensä sen muodon. Hänestä se muistuttaa hiukan karhua.

Hän kirjoittaa järven nimen ja sijainnin paperilapulle, ja asettaa sen makuuksensa viereen. Hän nukkuu parvekkeella, raittiissa ilmassa, näinä alkukesän helteisinä öinä. Niin korkealla käy pienoinen tuulen-henki, joka tekee nukkumisen tuossa sementtikaukalossa paremmaksi kuin tukalissa sisätiloissa.

Tietenkin parvekkeella nukkumisessa on huonojakin puolia, ainakin melu, mutta siitä hän ei välitä. Hän osaa siirtää äänet pois tietoisuudes-taan. Lintujen laulun, koirien ja lasten äänet, humalaisten nuorten aamuöisen kailotuksen, autot ja rämisevät mopot.

Mennessään nukkumaan hän lukee lapun painaen sanat mieleensä niin että voi nähdä ne vielä silmänsä suljettuaankin. Juuri ennen uneen vaipumistaan hän palauttaa vielä kerran mieleensä, että hänen pitää tavata Jernei Bledin saarella. Sitten hän nukahtaa.

Unessaan hän etsii jotakin, mutta ei muista, mitä. Hän harhailee ou-dossa luolastossa. Siellä tipahtelee vesipisaroita mustaan lammikkoon, jossa uiskentelee silmättömiä, kelmeitä liskoja. Hän laskeutuu kellariin, jossa on riveittäin suunnattoman suuria tynnyreitä. Hän koettaa päästä taloon, jossa ei ole ovea. Sitten hän nousee lentoon, kuten monet kerrat unissaan. Hän liitää kevyesti, ihanasti, kuin poutapilvi taivaalla tai voikukan höytyvä kesätuulessa. Hän näkee tervapääskyjä ja sukeltelee hetken niitten lailla ilmassa, käsivarret siiviksi ojennettuina, tehden huikeita kaaria sinisellä taivaalla.

Äkkiä hän näkee karhun muotoisen järven, tyynen ja tasaisen kuin peili. Järven keskellä on saari ja saarella kohoaa valkoisia torneja. Aaslalle tulee tunne, että hänen pitää laskeutua linnan luo. Hän näkee portaat, jotka nousevat ylös linnan pihalle. Hän huomaa seisovansa portailla. Hän lähtee nousemaan niitä ylös. Hän ei näe ketään, mutta hän on varma, että siellä on joku. Hän kiertelee linnan pihalla mutta ei pääse sisälle linnaan. Hän ei löydä siitäkään ovea. Rakennuksen hahmo ei ole kiinteä, se näyttää erilaiselta aina kun hän vilkaisee sitä. Sitten uni haihtuu.

Aamulla hän herää epätavallisen aikaisin. Hän tuntee itsensä kuole-manväsyneeksi, voimattomaksi ja hikiseksi. Täytyy olla vielä aikaista, hän ajattelee, sillä aurinko ei paista vielä parvekkeelle. Tietenkin on jo valoisaa. Tähän aikaan alkukesästä yö on vain hetken kestävä himmeä kaistale alati säteilevän valon keskellä.

Minun pitäisi lähteä ulos, ajattelee hän. Ajamaan pyörällä. Nyt kun ei vielä ole liian kuuma.

Mutta hänen ei tee mieli edes nousta ylös.

Hän jää makuulle kuulostellen olonsa merkillistä väsähtäneisyyttä. Ei kai minun ole mikään pakko nousta ylös, hän ajattelee. Kukaan ei odota minua mihinkään. Kukaan ei tarvitse minua mihinkään. Vain minulla itselläni on vaatimuksia itseni suhteen. Että tekisin jotain edes kunnolleni. Se meni huonoksi talven aikana. Hän alkaa pyöritellä vatsalihaksiaan. Se on hyvä keino saada verenkiertoon vauhtia. Ehkä minun kannattaa mennä sisälle nukkumaan? hän sanoo itselleen. Voisin ottaa vielä parin tunnin tirsat sängyssä. Sitten jaksan taas. Hän vääntäytyy vaikeasti ylös makuukseltaan. Patja on kyllä pehmeä, mutta betoni sen alla ei anna periksi yhtään. Polvia pitää varoa. Siksi nouseminen on työlästä. Ylös päästyä pitää jo juosta vessaan. Sieltä vuoteelle. Patjan jouset myötäävät ihanasti. Aasla toivoo voivansa nukkua, mutta unta ei ala kuulua.

Entä jos vain nousen? Huuhtaisen kasvot kylmällä vedellä? Otan lääkkeet ja panen kahvin tulelle?

Tänä aamuna voisi kahvi olla paikallaan.

Tavallisesti Aasla juo aamulla vihreää teetä, keittää sitä kattilallisen, siemaisee mukillisen kuumana ja hörppii loput kylmänä pitkin päivää. Mutta joskus vain kahvi voi nostattaa hänet siitä turtumuksesta, jonka yö toisinaan aiheuttaa. Ei hän aina ole näin vetämätön herätessään. On aamuja, joina hän on heti virkeä ja valpas. Mutta ne alkavat olla aina vain harvinaisempia.

Hän hymähtää itsekseen. Kaipa ikä alkaa vaikuttaa öisiin puuhiin siinä missä päiväisiinkin.

Aasla nousee ylös ja menee keittiöön. Hän pitää lääkkeitään keittiön kaapissa. Siitä ne on helppo ottaa. Huuhdeltuaan pillerit alas isolla mukillisella vettä hän alkaa ladata kahvinkeitintä. Hän säilyttää kahviaan jääkaapissa. Ottaessaan peltipurkkia jääkaapista hän tuntee ohimenevän tyytyväisyyden ailahduksen, koska sai edellispäivänä sulatettua jääkaapin. Se on vanhanmallinen ja vailla automaattisulatuksen ylellisyyttä. Tyhjäkin se on. Kahvipurkin lisäksi siellä on tuskin muuta kuin kaalinpää, ei enää parhaassa nuoruudessaan sekään. On sentään kalaöljypullo ovilokerossa. Sen hän ottaa valmiiksi pöydälle.

Saatuaan keittimen lopulta ladattua ja käynnistettyä hän kaataa pullosta ruokalusikallisen ja nielee sen kiireesti ja irvistellen. Jokin kapselimalli voisi olla paremman makuinen, mutta mitä turhia maksamaan liivatteesta kun pullossa on yhtä hyvää ainetta ja paljon halvemmalla.

Häntä huvittaa ajatella sitä pillerimäärää, jonka ehkä ottaisi aamuisin, jos hänellä olisi varaa ostella kaikenlaisia luontaistuotteita. Punaista riisiä ehkä, ja haineväuutetta. Tekevät kuulemma hyvää nivelille. Kahvin valmistumista odotellessaan Aasla napsauttaa tietokoneen avautumaan kaikessa rauhassa, ja menee sitten aamupesulle. Kylmä suihku herättää kunnolla. Peilissä näkyy jo virkeä ihminen, ja levittäessään kosteusvoidetta hän katselee itseään arvostelevasti. Naama on kuin kesäporsaan pakara, auringon punaiseksi käräyttämä, ja siellä täällä suupielissä siirottaa muutama tankea karva.

Hän muistaa nähneensä hiljakkoin unen, jossa hänellä oli viikset, tuuheat ja väriltään harmahtavat. Unessa hän kutsui ystävänsä ihailemaan viiksiään, mutta ne eivät kummastuttaneet ketään.

– Ainahan sinulla on ollut viikset, sanoivat kaikki.

Se ei pidä paikkaansa. Mitkä viikset muka ovat ne muutamat karvat, jotka hän nyppäisee pois pinseteillä? Unen viikset olivat oikeat viikset. Mitähän se merkitsee? miettii hän tahkotessaan voidetta kasvoihinsa. Leuan alla on löysää ja poskien sivuilla tummempia läikkiä. Pisamia? Maksaläiskiä? Toivottavasti ei niitä sentään. Maksaläiskissä on jotain niin *vanhaa*. Niihin liittyy paperinohut kuiva iho ja vanha ihmisen talinhaju.

Kyllä Aaslakin tietää haisevansa toisinaan omituiselle. Joskus aika pahallekin, mutta ei sentään vielä talille. Paremminkin kuin mädäntyneelle mehiläispesälle. Hiukan makealle. Ummehtuneelle. Ja tietysti vanhalle perseelle. Sitä hajua ei voi välttää. Missä vaiheessa nuoren naisen raikas tuoksu on muuttunut siksi kammottavaksi auringossa räytyvien kalanperkeitten hajuksi, joka hänen haaroistaan uhoaa, jos pesunväli venähtää hiukankin pitemmäksi?

Se on yksi niistä naisen elämän mysteereistä, joihin hän ei tiedä selitystä.

Itsekseen hymyillen hän menee vaatekomerolleen. Hetken pengottuaan hän löytää ehjät sloggit ja rintsikat. Molemmat näyttivät kulahtaneilta. Kaikki hänen vaatteensa näyttävät kulahtaneilta.

Ohittaessaan eteisen suurta peiliä hän vilkaisee syrjäsilmin figuuriaan. Sitä tuskin kannattaa sanoa figuuriksi.

Päätään pudistellen hän menee keittiöön kaatamaan kahvia mukiin, ja istahtaa sitten sen kanssa tietokoneen ääreen.

5. Luku

jossa Jernei kirjoittaa haiku-runoutta ja saa kuulla henki-
auttajista. Aasla tekee turhan matkan tuonpuoleiseen.

Käytyään läpi sähköpostinsa Aasla kirjautuu Skypeen ja seuraa laiskas-
ti kieliryhmän jutustelua. Jerneikin ilmestyy linjoille, ja he uppoutuvat
pian mielenkiintoiseen keskusteluun slaavilaisista kielistä. Jerneihin
tutustumisen myötä Aaslakin on alkanut kiinnostua sloveenista. Häntä
kiehtoo duaali, ikivanha ominaisuus, joka siinä on yhä jäljellä. Se
huvittaa häntä jostain syystä valtavasti, ja hän kiusoittelee sillä Jerneitä.
– Te sloveenit olette niin alkukantaisia ihmisiä että ajattelette vielä
tyyliin yksi-kaksi-monta. Kahta suurempi määrää saa teidät ymmällen-
ne.
– Päinvastoin, väittää Jernei, – duaali osoittaa hienostunutta ymmär-
rystämme maailmasta. Harmonian pitää vallita, eikä sitä voi olla ilman
kahden ykseyttä.
Aaslan täytyy myöntää, että näkemyksessä on logiikkaa. Sekin on
hänestä hauskaa, että sloveeni kirjoitetaan latinalaisilla kirjaimilla
kyrillisten sijasta, mutta se ei ole hauskaa, että sanoissa on kasoittain
konsonantteja. Miten kukaan voi koskaan tietää, millä tavalla sellaiset
konsonanttiryppäät pitäisi lausua?
– Siinä ei ole mitään ongelmaa, vakuuttaa Jernei. – Käytämme švaa-
vokaalia. Se on kätevä.
– Tiedän sen, onhan meillä suomessakin käytössä loisvokaali, aina-
kin joissakin murteissa.
– Muuten, olen kirjoittanut sloveeniksi haiku-runon jossa ei ole yh-
tään vokaalia, Jernei sanoo. – Haluatko nähdä?
– Tottahan toki.
Jernei lähettää tiedoston:

Brž, brž, zdrs v švrk,
vrh škrl zmrd vzbrst,
strm črn vrt,
grd grb črt, čvrst čmrlj.

Aasla tuijottaa sitä lähes kauhistuneen ihastuksen vallassa.

32

– Miten luet tuon? Entä mitä se tarkoittaa?

– Odota vähän niin nauhoitan se sinulle jotta voit kuunnella, miltä se kuulostaa. Se kertoo kimalaisesta. Tietenkin se menettää muotonsa käännettynä, mutta suorasanaisesti se menee suurinpiirtein näin:

Nopea, nopea sujahdus pyörteeseen,
irvistysten ryöppy kivipaneeleilla,
jyrkkä musta puutarha,
viivojen ruma kilvenkuvio: vankka kimalainen.

Aasla on vaikuttunut ja päättää paneutua syvemmin sloveeniin. Onhan hyvä osata kieltä jos vaikka tulisi matkustelleeksi siellä päin. Siitä hänen mieleensä muistuu heidän sopimuksensa tapaamisesta unen aikana Bledin saarella, ja hän kertoo käynnistään siellä.

Se tekee Jerneihin vaikutuksen, mutta itse hän tunnustaa pahoitellen, ettei muista nähneensä minkäänlaista unta. Sitten Aasla tulee maininneeksi, että käydessään Matkalla hän tapaa toisinaan henkiauttajansa.

Jerneille se on uutta. – Henkiauttajan? Mikä se on? Kenellä sellainen on?

– Jokaisella ihmisellä, väittää Aasla.

– Millainen se on? Joku eläinkö?

– Se voi olla mikä vain, selittää Aasla. – Minun omani on sudenkorento, mutta välillä se muuttuu ihmisen näköiseksi. Rakastan sitä hyvin paljon.

– Omituista! Mistä tiedät että sinulla on se? Miten tutustuit siihen?

– En muista enää. Se on ollut minulla aina.

– Onkohan minullakin? miettii Jernei. – Mikä se mahtaisi olla?

– Voisin käydä katsomassa, jos haluat.

– Pystyisitkö tekemään sen? Miten?

– Minä vain menen sinne, siis toiselle puolelle, ja kutsun sitä, sanoo Aasla huolettomasti.

– Ja se tosiaan tulee? ihmettelee Jernei.

– Kyllä vain, ennemmin tai myöhemmin.

– Vaikuttaa hurjalta!

– Sanoo tyyppi, joka menee toisten uniin!

– Entä mistä tiedät, että oikeasti tapaat toisten ihmisten henkiauttajat? Entä mistä tiedät, mikä on kenenkin otus?

– Tavallisesti ne antavat jonkin vinkin tai tiedon, jonka vain niitten omistaja voi tietää. Mutta koskaan ei voi olla aivan varma. Nämä henkimaailman asiat ovat vähän omanlaisiaan, Aasla myöntää. – Haluatko, että otan selvää sinun henkiauttajastasi?

– Olisihan se mielenkiintoista. En ainakaan pane vastaan.

– Selvä, koetan löytää sen kun käyn seuraavan kerran Matkalla. Sitten Jernei kysyy, mitä Aasla oikein tarkoittaa Matkan tekemisellä. Šamaanimatkaako?

Aasla selittää, että Matkan tekniikka on hieman samanlainen kuin šamaanimatkoja tehtäessä. – Olen kuitenkin kehittänyt pikaversion. Tekniikkoja on monenlaisia. En ole mitenkään oikeaoppinen. Sen kun vain keskityn ja annan mennä. Aika usein hyppään kaivoon.

– Kaivoon?

– Tai sukellan veteen tai loikkaan tuleen. Tuli varsinkin nostaa aika kivasti Yliseen. Et ehkä tiedä, että Kaikkeus jaetaan Yliseen, Aliseen ja Keskiseen maailmaan. Ihmiset asuvat siinä keskimmäisessä. Siis teoreetikot ja uskontotieteilijät ja oikeat šamaanit ajattelevat niin. Minä en niin välitä teorioista. Päätän vain minne haluan mennä ja menen sinne.

– Ja se toimii? Jernei kuulostaa epäilevältä.

– Ei aina. Mikään ei toimi aina, myöntää Aasla. – Tarpeeksi usein kumminkin.

– Entä mitä hyötyä siitä on? Siitä otuksesta?

– Siltä voi pyytää apua tai neuvoja. Jos vaikka on jokin ongelma, tai sairaus.

– Ja se auttaa?

– Kyllä vain. Sen neuvot vain saattavat olla omituisia. Esimerkiksi eräs tuttavani kärsi levottomista jaloista. Tiedätkö taudin?

– Tiedän kyllä, mummillani oli se. Pirullinen vaiva.

– Tein Matkan ja kävin kysymässä neuvoa sammakolta, hänen henkiauttajaltaan. Se käski hänen haudata jalkansa kuumaan hiekkaan. Kun kerroin sammakon neuvon, satuimme olemaan uimarannalla. Silloin oli erityisen kuuma kesä, joten siinä oli runsain määrin auringossa kuumentunutta hiekkaa. Hän istahti oitis ja hautasi koipensa siihen. Ja uskot tai et, vaiva parani.

– Aika hurjaa. Mummini olisi onnellinen jos tietäisi tuon.

– Hänen henkiauttajansa antaisi varmaankin erilaisen neuvon. Mutta niin homma toimii.

Aasla ei aikaile. Heti samana päivänä hän päättää käydä katsomassa, tapaisiko Jernein auttajahenkeä. Hän istahtaa mukavasti alas, keskittyy hetken ja istuu pian kivistä ladotulla kaivonreunuksella. Sen yläpuolelle on pyöreä kelapuu kampineen, mutta ilman ketjua ja ämpäriä. Hän kurkistaa syvyyteen. Kaivon pohja katoaa hämärään. Vettä ei näy. Hän työnnältää itsensä käsillään irti reunukselta ja pudottautuu alas. Hän putoaa hiekkakasaan ja uppoaa siihen polvia myöten. Se antaa periksi vyöräyttäen hänet rähmälleen holvatun aukon eteen. Hän konttaa siitä epäröimättä sisään. Käytävä avartuu heti korkeammaksi. Hän nousee ja lähtee kulkemaan eteenpäin hämärässä käytävässä. Kattoholvista riippuu valkoisia juuria, jotka hipovat hänen hiuksiaan ja kasvojaan. Käytävä on hämärä ja tuoksuu raikkaalle, tuoreelle maalle. Hän näkee edessään vaaleamman kohdan, puolipyöreän aukon, ja astuu siitä ulos loivaan mäenrinteeseen. Se avautuu eteen täynnä värikkäitä kukkia ja matalia pensaita. Taivas yläpuolella on kupoli kuulasta sineä. Vain joku harsomainen pilvenriekale menee korkealla omia teitään. Hän ei ehdi edes ajatella mitään kun kuulee jo kuivan kahahduksen ja näkee valon välähtelevän läpikuultavissa siivissä. Hänen sudenkorentonsa.

– Vie minut Jernein henkiauttajan luokse, Aasla sanoo sille.

– Mennään, se sanoo, ja Aasla kiipeää verkkokuvioisten siipien väliin ja asettautuu makaamaan vatsalleen selkäkilven päälle. Hänestä se on ihana paikka, ei kova vaan kimmoinen ja himmeän musta. Hän asettaa kyynärpäänsä kilvelle ja nojaa leukaansa kämmeniinsä. Korento nousee lentoon. Se lentää kauan. Aasla katselee silmä kovana ja näkeekin monenlaisia eläimiä, mutta mikään niistä ei tunnu oikealta.

Vihdoin he laskeutuvat pienelle aukiolle metsän reunaan. Puitten latvukset muodostavat korkeuksissaan tiheän katoksen. Paksujen, ryhmyisten runkojen välit täyttää tiuha pensaikko. Aasla kävelee hetken edestakaisin metsän reunassa, löytää polun pään ja työntyy siitä metsään. Hän huutelee Jernein apuhenkeä. – Tule luokseni! Lupaan kertoa hänelle tarkasti kaiken mitä sanot.

Aluskasvillisuus kahahtelee, aivan kuin jokin pieni, vilkasliikkeinen olento juoksentelisi karikkeessa, mutta mitään ei näy. Aasla huutaa uudestaan.

– Ei minulla ole aikaa turhuuksiin! kirskuttaa ärtynyt ääni jostakin pensaitten joukosta. – Mene pois häiritsemästä minua. Tule takaisin vasta kun sinulla on jotain kysyttävää.

Siihen Aaslan on tyytyminen, ja hän palaa metsän reunan aukiolle. Korento odottelee häntä paistatellen auringossa. Hän sanoo sille: – Vie minut pois. Se ei tahtonut hukata aikaansa minuun. Aasla asettuu paikalleen korennon selkään, ja se lentää välähtelevin pyrähdyksin takaisin ruohikkoiselle rinteelle. Aasla laskeutuu alas. Äkkiä korento seisoo siinä ihmishahmossaan siivet taitettuina selkäänsä ja katselee häntä lempeästi suurilla, pyöreillä silmillään. Kauan he vain katsoivat toisiaan, ja Aasla näkee kuvansa heijastuvan verkkosilmien sadoista faseteista. Hän tuntee sydämensä melkein pakahtuvan rakkaudesta. He halaavat toisiaan hyvästiksi ja sitten Aasla astuu takaisin käytävän hämärään ja palaa hitain askelin takaisin kaivoon.

Aasla avaa silmänsä. Hän on palannut. Hänen sydämensä lyö levollisesti, ja hän tuntee suurta rauhaa.

– Henkiauttajasi ei suostunut puhumaan kanssani. Sanoi, että olin siellä uteliaisuuttani. Sillä ei muka ole aikaa joutavuuksiin. Sinun pitää kysyä siltä jotakin.
– Onko sellainen tavallista?
– Niitten kanssa voi tapahtua mitä tahansa. Onko sinulla mielessäsi jotain, mitä haluaisit kysyä siltä?
– Ei kyllä tule heti mieleen.
– Ei ainuttakaan ongelmaa?
– Kun ei niin ei.
– Sinä olet kummallinen nuori ihminen. Nuorilla ihmisillä sitä odottaisi olevan aina ongelmia. Mutta kysymyksesi voi olla vaikka kuinka mitätön. Kunhan vain kysyt jotain.
– Mitä luulet, mikä se on?
– En tiedä. Jokin pieni ja vikkelä se on. Ehkä joku jyrsijä. Hiiri tai rotta. Voi olla hyönteinenkin.
– Hm. Jyrsijä. Henkeni on jyrsijä.
– Ei sitä tiedä vielä. Voi olla mikä tahansa. Vaikkapa etana. Tai tuskin sentään, otus on liukasliikkeisempi.
– Tällä hetkellä haluaisin tietää vain sen, miksi se piilottelee. Mutta odota vähän niin minä mietin. Hmm… Pannaan peliin vähän filosofiaa: millä tavalla äärettömyyttä voi ymmärtää?
– No siinä vasta kysymys! Epäilemättä henkiauttajan arvoinen. Minä kysyn kun käyn seuraavan kerran matkalla.

6. Luku

jossa Aasla matkailee taas sisäavaruudessa, näkee kummallisen enneunen ja harrastaa hyödyllistä ajankulua.

Aasla pääsee Matkalle uudestaan vasta parin viikon päästä. Aina lähtö ei onnistu, eikä hän välitä koskaan pinnistellä. Sen pitää olla vaivatonta, vaikka ehkä onkin kaikkea muuta toisten mielestä. Hänelle se kuitenkin on osa hänen tavallista elämäänsä.

Eräänä iltapäivänä maapallon aikaa hän sukeltaa lähteeseen korkean, mustanpuhuvan kallion juuressa. Hyisen kylmä, kristallinkirkas vesi vie hänet paikkaan, jossa hänen korentonsa on jo odottamassa häntä. Se vie hänet tiheään metsään. Hän kulkee sen viileässä vihreydessä kutsuen mennessään Jernein henkiauttajaa.

Äkkiä nirisee kärttyisä ääni aluskasvillisuuden seassa. – Onko sinulla jotain asiaa?

– On. Jernei haluaa tietää, kuinka äärettömyyttä voi ymmärtää.

– Ei kuinkaan, vastaa olento heti. – Hän ei voi ymmärtää sitä niin kauan kuin on ihmishahmossaan.

Karikkeissa kahahtaa ja Aaslan edessä on pikkuruinen päästäinen. Se katselee häntä pitkä suippo kuono väristen. – Kerro se hänelle! Ihmisen hahmo on vain valhetta ja harhaa, mutta se suojelee häntä häneltä itseltään.

Aasla katselee päästäistä hiukan hämillään. Hän ei ole nähnyt sellaista koskaan elävänä. Kuolleina hän kyllä näki niitä lapsena, hyvinkin usein, varsinkin poluilla. Silloin sanottiin, että päästäinen ei kestä ihmisen hajua vaan kuolee juostuaan ihmisten kulkujäljelle. Se oli varmaankin taikauskoa tai muuten vain harhaluulo, mutta hän uskoi sen ja katseli säälien pieniä, muurahaisten ja turkkiloitten kaluamia ruumiita, joita näki metsäpoluilla.

– Mitä muuta kerron Jerneille? Haluatko ehkä lähettää hänelle terveisiä tai jotain?

– Sano hänelle että nauttisi ihmisenä olemisesta kun kerran on ihminen, sanoo päästäinen ivallisesti. – Ja käske hänen varoa toukkia.

Kahahdus, ja se on poissa.

Vihdoinkin Aaslalla on hyvä uutinen Jerneille: – Onnistuin tapaamaan henkiauttajasi!

37

– Mahtavaa! ilahtuu Jernei. – Kysymykseni siis toimi?
– Kyllä vain!
– Miltä se näytti?
– Se on päästäinen!
Jernei purskahtaa nauruun. – Ei ihme että se piilotteli!
– Ei sentään jyrsijä eikä sontiainen, sanoo Aasla puolustelevasti, ihan kuin hänellä muka olisi jotain sanomista asiaan.
– Mitä se sanoi? Jernei kysyy malttamattomasti.
– Se sanoi, että et voi ymmärtää äärettömyyttä niin kauan kuin olet ihmisen hahmossasi.
– Eikö muuta?
– Se sanoi niinkin, että ihmisen hahmosi on vain valhetta ja harhaa mutta sinun pitää nauttia siitä, sillä se suojelee sinua itseltäsi. Ai niin, se käski sinun varoa toukkia.
– Mitä? Toukkia? Miksi ihmeessä?
– En tiedä. Vain sinä itse voit ymmärtää sen.
– Onpa outoa.
– Nämä jutut ovat enimmäkseen outoja...
– Minun pitää miettiä tätä asiaa, ehkä toukkien salaisuus selviää ajan kanssa.
– Varmasti selviää, tai siis ymmärrät, mitä asiassa piilee. Voivathan toukat tarkoittaa muutakin kuin toukkia. Kenties ne vain edustavat elämässäsi ilmenevää jotain, no, toukkuutta. Muuten, päästäinen on hurja pikku peto. Luin siitä netistä. Se käyttää tutkaa löytääkseen saaliinsa ja tappaa kaiken tielleen tulevan, koska sen pitää syödä koko ajan. Älykäskin se on kuin mikä. Kaiken huipuksi sen purema on myrkyllinen, ja sen hampaat ovat punaiset.
– On niitä täälläkin. Kissa tuo niitten raatoja toisinaan sisälle. Se on sloveeniksi rovka. Suomalainen nimi on söpö. Päästäinen. Miksikähän minulla on sellainen henkiotus?
– Jaa, enpä osaa sanoa. Voi olla että se näyttäytyy vain minulle päästäisenä. Henkiauttajat eivät ole kiveen kaiverrettuja, jos niin voi sanoa.
– Eivät kai sitten. Sinä tiedät sen paremmin kuin minä.
– Annetaan sille nimeksi Rovka.
– Onko se naaras? Sana on feminiinisukuinen.
– Mitä se haittaa? Minusta se näyttää urokselta, mutta ei kai nimellä ole niin väliä.

– Ei kai. Olkoon vaikka Rovka.

– Sinä voit mennä itsekin tapaamaan sitä jos osaat lähteä Matkalle. Se auttaa sinua jos sinulla on jotain kysyttävää, tai huolia, tai jos vain haluat jutella sen kanssa. Vaikka se kyllä vaikutti siltä, että sen kanssa ei höpistä turhuuksia. Minäkin haluaisin tietää, miksi sinulla on sellainen pikku peto! Minun sudenkorentoni vaikuttaa kovin kesyltä sen rinnalla.

– Minähän olen aina sanonut että olen vaarallinen!

– Pakko se on uskoa, nauraa Aasla, – sillä sisälläsi tosiaankin asuu pieni peto!

Aasla ajaa autoa. Se on väriltään vaalean metallinhohtoinen, ehkä sininen tai vihertävä. Aurinko heijastelee kauniisti konepellistä. Hän kääntyy risteysalueella, tai ehkä se on piha. Vauhti on hidas. Siinä tien reunalla, tai onko se piha, on joitakin ihmisiä, nuoria naisia, ja hän hidastaa vauhtia vielä lisää lähestyessään heitä. Äkkiä auto heilahtaa hiukan. Naiset huutavat, ja joku henkäisee:

– Se ajoi pojan yli!

Hän ajaa vielä hiukan eteenpäin ja auto heilahtaa taas kun takarenkaatkin menevät jonkin yli.

Hän on ajanut lapsen yli. Pienen pojan. Hän tuntee kauhua mutta on samalla tyyni ja välinpitämätön. Jokin hänessä on tyrmistynyt, mutta toinen puoli hänestä ei piittaa yhtään.

Se on outoa.

Hän herää hätkähtäen, hirvittävään, repivän räjähdyksen ääneen. Ukkonen! Hän nousee heti ja syöksyy nykäisemään tietokoneen töpselin seinästä. Se on aivan vaistomainen reaktio. Hänen tietokoneensa horrostaa silloin kun hänkin. Se ei kestäisi salamaa, eikä hänellä ole varaa riskeerata yhtään sen kanssa.

Hän kömpii takaisin vuoteelleen, yhä pökertyneenä. On vielä hyvin aikaista, kello ei ole puolta kuuttakaan. Hän ei kuitenkaan saa enää unta.

Parasta nousta ja panna kahvin tulemaan, hän päättää lopulta.

Vielä ei sada, mutta ilma seisoo jähmeänä ja odottavana ja ukkonen jyrähtelee kovin lähellä. Hänen päätään särkee, eikä hän tahdo millään saada silmiään tarkennettua mihinkään. Hän hieroo niitä, räpyttelee ja miettii, onko sumeus merkki glaukoomasta, jolla silmälääkäri pelotteli häntä viime tarkastuksessa.

Kahvinsa juotuaan hän istahtaa kutomaan sukkaa kuulokkeet korvilla. Hänellä on pitkästä aikaa jotain oikeaa tekemistä, sillä Iris on tilannut häneltä sukkia joululahjoiksi perheenjäsenilleen. Se on hänen hienotunteinen tapansa auttaa ystäväänsä. Langatkin Iris toi hyvissä ajoin alkukesästä. Hän on sen laatuinen ihminen, joka ei tykkää jättää mitään viime hetkeen.

– Harmaat Paavolle, ja laita suihin punaiset raidat, Iris ohjeisti. – Anoppivainaa teki aina semmoisia. Ei Paavo-ressulla paljon muuta ollutkaan kun mentiin yhteen.

– Siihen aikaan ei monilla ollut senkään vertaa, Aasla sanoi, ja Iris nyökkäsi.

– Totta. Kaikkihan me olimme köyhiä mutta periksi ei annettu vaan sinniteltiin niin kauan että päästiin leivän laitaan kiinni.

– Paavo on päässyt pitkälle, Aasla sanoi. – Harmaat siis hänelle, ja pitkät varret, vai mitä?

– Joo, laita reilusti vartta, ihan vain saumikasta. Sitten lopusta punaisesta Jannalle, ja tästä vihreästä Jesselle. Jannalle voit kehitellä vaikka jotain pitsineuletta niin on naisellisempaa.

Aasla katseli vihreää lankavyyhteä; se toi hänen mieleensä armeijan. – Eikö Jannalle sopisi paremmin tuo vihreä? On jotenkin niin sotilaallinen sävy.

Iris tuhahti mutta ei sanonut mitään. Aasla tiesi oikein hyvin, että Iris ja Paavo pelkäsivät vuosikausia, että heidän ainoa poikansa olisi homo, Jesse kun oli kaksosparin hiljaisempi osapuoli. Siinä missä Janna halusi palavasti armeijaan ja palasi sieltä kersanttina, Jesse sai hädin tuskin läpäistyä lyhimmän mahdollisen palvelusajan. Oli täpärällä, että hän ylipäätään meni inttiin. Vanhempien helpotus oli suunnaton, kun eteisestä löytyivät eräänä aamuna vieraat tytönkengät, ja Jessen huoneesta ilmestyi aamuteepöytään ujosti pitkän tukkansa takaa kurkisteleva neitokainen. Sen jälkeen pojan tyttöystävät alkoivatkin vaihtua tiuhaan tahtiin.

– Laitan tuosta harmaasta raitaa Jessen sukansuihin, sitä varmasti jää sen verran yli Paavon sukista, Aasla lupasi. – Jannan sukkiin minulla on jo mielessäni sopiva pitsineule.

Kutoessa saattaa kuunnella jotain hyödyllistä. Mutta ei Aasla kuuntele mitään hyödyllistä, jotain naisten viihderomaania vain. Se ei tunnu etenevän oikein mihinkään. Lukijan tahti on verkkainen, ja kirjailija on katsonut hyväksi toistella samoja asioita moneen kertaan. Ehkä kirja on

40

tarkoitettu iäkkäälle kuuntelijalle, joka ehtii unohtaa kesken kaiken juonen käänteet.

Äänikirjan paras puoli on siinä, että sitä ei oikeastaan tarvitse kuunnella, sen voi antaa vain hymistä korvissa lempeänä taustaäänenä. Aasla miettiikin enemmän untaan kuin kuuntelee, mutta unen viesti, jos sillä sellainen oli, ei suostu aukeamaan hänelle.

Seuraavana yönä Aasla taas näkee unta samasta onnettomuudesta. Hän ajaa samaa autoa, on nousemassa liittymästä isommalle tielle. Hänellä on kyydissään mies, ehkä joku entisistä miesystävistään.

– Näin viime yönä unta että ajoin tässä kohdassa pikkupojan päälle, hän kertoo sille kyydissään olevalle miehelle, kuka sitten liekin. Mutta kertoessaan hän tietää valehtelevansa, koska paikka ei ole sama. Unessaan hän kummastelee, miten saattaa nähdä unta siitä että on nähnyt unta.

Outo uni mietityttää häntä pitkän aikaa. Ehkä se merkitsee sitä, että en hallitse elämääni, ajattelee hän. Unen auto vastaa unennäkijää itseään. Jos ei hallitse elämäänsä, ei hallitse unensa autoakaan.

Kyllähän minä hallitsin sen auton kun ajoin sen lapsen yli, hän ajattelee.

Vai hallitsinko?

Hänen täytyy myöntää, että yliajon jälkeen, pysäyttäessään autoa, jarrut olivat olleet oudon löysät, hän oli saanut melkein seisoa jarrupolkimella, eikä auto millään pysähtynyt. Pysähtyi se kyllä lopulta, mutta ukkosen jyrähdys oli osunut juuri siihen kohtaa, eikä hän siis tiennyt, mitä muuta unessa olisi tapahtunut.

Se merkitsee jotain ikävää, hän ajattelee. Jotain epämiellyttävää, jonka tuloa en voi estää.

Ehkä niin on hyvä.

Se tulee mikä tulee, tiesi sen tulosta tai ei.

7. Luku

jossa tutulle lentokoneelle käy huonosti ja Aasla vaipuu mielenkiintoiseen mutta pettymyksen tuottavaan selkounitilaan. Sankarimme panevat seksin sille paikalle jolle se kuuluu ja pelastavat maailman.

Yötaivas jossain Alppien yläpuolella.

Pilvet ovat alkaneet kokoontua uhkaavan oloisesti iltapäivällä, ja ukkosmyrsky puhkeaa yön kietaistua jo syliinsä tuon jylhän maiseman. Vuorenrinteistä kimmahtelee korviaraastavia jyrähdyksiä, jotka osoittavat, että ukkosrintaman olevan aivan kohdalla.

Suunnattoman suuri lentokone ylittää vuoristoa reitillä, jota se on käyttänyt ennenkin, monet kerrat, eikä ukkosmyrskyssä matkaaminen ole sekään sille ensimmäinen kerta. Lentäjä harkitsee hetken myrskyn kiertämistä, mutta luopuu ajatuksesta.

Hän on lentänyt pahemmassakin säässä.

Hän antaa valtavan koneensa sukeltaa kiehuvaan pilvimassaan. Turbulenssit rytkäyttelevät konetta, mutta se on miehistölle tuttua.

Muuan bussipysäkin katoksen alle sateelta suojaan etsiytynyt kulkija sattuu näkemään koneen aavemaisena, melkein ylimaallisen kauniina hopeanvalkoisena siluettina mustien pilvenlonkien lomassa. Hän ehtii tuskin tajuta näkemäänsä, eikä se pysy hänen mielessään sen kauempaa kuin äkillisen salamanleimauksen verkkokalvoille polttama kuvakaan.

Kukaan ei erota – eikä voisikaan erottaa – myrskyn seasta rysähdystä, jonka jättimäinen lentokone saa aikaan syöksyessään päin vuorenrinnettä.

Aasla on nukahtamaisillaan kun hänen korvansa alkavat surista ja hampaat kalista vastatusten kuin espanjalaisen tanssijan kastanjetit. Surina voimistuu kunnes tuntuu täyttävän koko huoneen ja hän tuntee – hetken vain – melkein sietämätöntä kuolemankauhua. Hän tietää olevansa joutumassa tilaan, jota sanotaan selkouneksi. Se on olotila, joka ei ole unta vaan todellisuutta, mutta kuitenkin se poikkeaa normaalista todellisuudesta. Siinä tilassa hän pystyy lentämään, kulkemaan seinien läpi, siirtymään silmänräpäyksessä minne tahansa ja tapaamaan kenet tahansa, täysin halunsa mukaan.

Kun surina lakkaa, hän huomaa olevansa suuressa, autiossa huoneessa, joka on kuin teatterin lava. Se on avara ja siellä on hämärään katoavia kulisseja jossain näkökentän rajoilla. Kaikki värisävyt ovat tummia, oudon valottomia. Hän ei ole yksin. Hän on siinä oudossa huoneessa, siinä avarassa, tummassa, kaikuvassa tilassa miehen kanssa. He ovat molemmat alastomia, he hyväilevät toisiaan, he kiihottavat toisiaan yhtyäkseen pölyisen lattian viileillä laudoilla. He ovat toisilleen vieraita, Aasla ei tiedä kuka mies on. Hän ei nosta katsettaan miehen kasvoihin koko aikana. Hän näykkii miehen sileää rintaa, tunnustelee pehmeän ihon alla tuntuvia kovia lihaksia, nuuskii miehen tuoksua; siinä on sekaisin hikeä, tupakkaa ja vanhaa viinaa. Miehen sääret ovat hyvin karvaiset. Hänen reisilläänkin kasvaa kähärää karvaa. Hän on kiinteälihainen, notkea ja lämmin. Hän on aivan todellinen.

Mutta todellisuutta se ei ole. Se on unta, sillä yhtäkkiä siinä onkin Jernei katsomassa heitä suurilla silmillään. Hän työntää hiuksia pois otsaltaan kapealla kädellään ja sanoo: – Hei, minä haluan tuon miehen! ja alkaa riisua farkkujaan. Ja Aasla huomaa seisovansa vieressä ja katselevansa tyrmistyneenä kuinka mies – hänen miehensä! – kääntyykin Jernein puoleen. Hän katsoo kuinka nämä kaksi syleilevät toisiaan, rakastelevat, kuin jossakin oudossa tanssissa.

Aasla herää sydän takoen, tuntien ärtymystä ja lähes kiukkua Jerneitä kohtaan. Hänen koko olemustaan kivistää tyydyttämättä jääneen kiihotuksen tympeä jyskytys. Pitkin päivää hänen mieleensä palaa selkounen outo tunnelma, eikä hän saata olla ihmettelemättä, mitä se merkitsee. Mitä hänen alitajuntansa tahtoo sanoa hänelle? Että hänen pitäisi harrastaa enemmän seksiä? Vai vähemmän? Hänen mieleensä muistuvat Iriksen puheet hupipojasta, ja hän purskahtaa nauruun.

Niinpä niin. Normaalit kunnialliset keski-ikiset naiset eivät voi epäluuloja herättämättä ystävystyä nuorten miesten kanssa. Ainakaan ulkomaalaisten. Varsinkaan ulkomaalaisten.

Vaikka, tuskin tässä siitä on kysymys.

Mutta siltikin – olisi minun kuitenkin pitänyt saada pitää se mies itselläni. Jernei, mokoma, hän on nuori, hän on kaunis, hän saa kenet vain jos haluaa – tarvitsiko hänen sotkeutua minun asioihini? miettii Aasla, mutta ei oikeastaan kitkerästi vaan paremminkin huvittuneena.

Hän kertoo tapauksen Jerneille.

Jernei yllättää hänet tokaisemalla: – Minä olin siellä, mutta minusta tapahtumat menivät hiukan toisin.

– Mitä tarkoitat? Aasla kysyy ällistyneenä.

– Näin unta paikasta, joka oli kuin teatterin lava. Siellä oli tyhjä lattia ja taustalla kulisseja, jotka katosivat hämäriin nurkkiin. Sellaisia kankaalle maalattuja, ihan resuisia jo. Se oli omituinen paikka, jotenkin aavemainen.

– Näitkö siellä minut?

– En tiedä olitko se sinä, mutta siellä oli mies ja nainen pyöriskelemässä siinä pölyisellä lattialla.

– Entä mitä sinä teit?

– En mitään. Katselin vain.

– Etkä halunnut napata sitä miestä?

– En todellakaan. Enkä sitä naistakaan, sen puoleen. Sitäpaitsi en muista koskaan edes olleeni kiinnostunut kenestäkään, en valveilla enkä unessa.

– Sitten sinä olet aseksuaalinen, Aasla arvelee.

– Niin olenkin, Jernei myöntää.

– Minä olin samanlainen nuorena, Aasla sanoo. – Olin jo alun kolmannella kymmenelläni ennen kuin aloin kiinnostua muista ihmisistä, missään mielessä. Sitten huomasin aika pian, että kiinnostukseni saattoi herättää mitä sukupuolen variaatiota edustava henkilö hyvänsä. Ja, se täytyy heti lisätä, niitä variaatioita on yhtä monta kuin on ihmisyksilöitäkin.

– Tiedän sen, Jernei sanoo. – Sinua voisi siis luonnehtia panseksuaaliseksi.

– Ilman muuta, Aasla sanoo. – Vaikka nykyään taidan olla taas enemmän aseksuaalinen, jos jokin kategoria pitää valita. Tai varmaan se johtuu iästäni. Perääni ei enää vihellellä. Ellen hallitsisi tantraa, elämäni olisi aika seksitöntä.

– Ihmisten jakaminen naisiin ja miehiin on joka tapauksessa karkea jako, Jernei sanoo miettiväisesti. – Sehän osoittaa vain yleistä sukupuolta, ei varsinaista sukupuolisuutta.

– Niinpä.

– Minulla ei ole vielä omakohtaista kokemusta erilaisista ihmisistä seksikumppaneina, Jernei tunnustaa.

– Minulla on, Aasla nauraa. – Olen ehtinyt kokeilla varmaankin jokaista variaatiota elämäni aikana.

– Mitä oikestaan tarkoitit kun mainitsit tantran?

44

– Se on keino, jolla voin harrastaa seksiä kenen kanssa haluan, silloin kun haluan, siististi, hygieenisesti ja särkemättä kenenkään sydäntä.

– Mitä? Minä luulin että se on vain asentoja ja sen semmoista. Multiorgasmeja.

– Niin tietysti onkin, tavallisille ihmisille. Mutta jos hallitset sen kunnolla, se on jotain aivan muuta.

– Voisinko minäkin oppia sen?

– Varmasti, mutta sinun pitää ensin oppia irtautumaan ruumiistasi.

– Pikkujuttu, Jernei nauraa.

– Meidän laillamme ajattelevia ihmisiä on kenties useampia kuin yleensä osataan ounastellakaan, Aasla pohtii. – Ihmisiä, joille elämän korkein täyttymys on jotain muut kuin seksi, ja jotka emme karsinoi ihmisiä näennäisen sukupuolen perusteella. Ehkä me itse asiassa olemmekin ihmisinä kehittyneempiä kuin muut?

– Kenties ihmiskunta on muuttumassa tasa-aineiseksi siinäkin suhteessa? Jernei arvelee.

– Ihmiskunta on ottanut roiman askelen kohti tasa-arvoa sillä hetkellä, kun sukupuoli ei enää määrää, kenen kanssa kenenkin pitää pariutua. Seksi on vallan ase, ja jos sitä ei voi enää käyttää sellaisena, maailma pelastuu, Aasla kiteyttää.

– Kovin moni ei taitaisi hyväksyä tuota ajatusta, Jernei arvelee lakattuaan nauramasta, – mutta minustakin se vaikuttaa aivan mahdolliselta.

8. Luku

jossa Aasla joutuu tutustumaan terveyskeskuksen pyörätuolipolitiikkaan, pakenee Saarille ja tapaa mielenkiintoisen henkilön.

Aasla istuu pyörätuolissa terveyskeskuksen aulassa ja tuntee syvää häpeää. Niin syvää häpeää hän ei ole tuntenut koskaan ennen. Tai ehkä onkin, mutta ei pysty juuri nyt muistamaan mitään pahempaa.

Hän on terve, vain hiukan huonovointinen; miksi hänen siis pitää istua tässä rähjäisessä kapineessa?

Hän tuli vain varaamaan aikaa lääkärille, mutta vastaanoton hoitajaa kauhistutti hänen hengenhaukkomisensa. Se sai nuoren hoitajan kuvit-

45

telemaan, että hän on heittämässä henkensä siinä paikassa. Mutta ei hän ole. Sydän vain jytää; helle kai tai mikä lie saa sen rytmin sekaisin, eikä hän saa tarpeeksi happea. Siksi hän haukkoo henkeään välillä, kuin matalaan rantaveteen tai peräti kuiville joutunut kala. Suuri kala, ajattelee hän ironisesti. Mutta ei hän kuolemaa tee. Hän on vain väsynyt ja kyllästynyt jatkuvasti jytäävään sydämeensä. Varmasti sitä voisi tutkia, ajatteli hän. Ja ehkä sitä voisi hillitä jollakin lääkkeellä? Beetasalpaajalla? Hänen sydäntään on tutkittu niin paljon vuosien varrella. Sitä on kuunneltu, monitoroitu, ultrattu, mikrottu, seurattu vuorokausia yhteen menoon, moneen kertaan. Siitä ei ole löytynyt koskaan mitään vikaa. Se vain ei toimi normaalilla tavalla. Hiukan siinä vuotaa hiippaläppä, mutta se ei ole epätavallista, eikä vuoto ole merkittävä.

Kuitenkin... Hän on nyt vanhempi, ja tuntee sen. Toisinaan. Ehkä lääketiede on kehittynyt? Ehkä on keksitty uusi ihmeaine, joka saa ruotuun holtittomasti poukkoilevan sydämen? Siksi hän on tullut varaamaan aikaa lääkärille, joskus myöhemmin kesällä tapahtuvaa tutkimusta varten.

Siksi hän tuli tänne, istuu nyt pyörätuolissa ja tuntee häpeän korvennuksen.

Se tunne on sisäsyntyinen, eikä kukaan ulkopuolinen aiheuta sitä. Siinä lähellä on vain yksi hyvin vanha nainen, joka istuu kyyryyn lysähtäneenä odotusaulan muuten tyhjässä tuolijonossa, katse harhaillen, kiinnittämättä mitään huomiota pyörätuoliin, tai mihinkään.

Mistä tämä tunne johtuu? Miksi on niin kauheaa istua pyörätuolissa?

Aaslalla on tunne, että pyörätuoli on oikeasti sairasta ihmistä varten. Tai vammaista. Tai todella vanhaa vanhusta... Hän ei tunne itseään sairaaksi, hiukan väsyneeksi vain. Mutta onko se kumma? Ulkona on karmaiseva helle, ja hänen sydämensä pistelee menemään omaan tahtiinsa. Vähemmästäkin voi tulla happivajausta. Mutta se ei ole sairautta.

Hän luimistelee, ainakin sisäisesti. Hänen päänsä painuu hartioitten väliin. Paniikki alkaa nousta. Hän näkee kulmiensa alta lähellä olevalle tuolille unohtuneen naistenlehden ja tarttuu siihen kuin pelastusrenkaaseen. Lukeminen ehkä helpottaa edes hiukan häpeän tunnetta.

Mutta ei siitä ole suurta apua.

Hän ei kestä enempää.

Hän siirtyy Saarille—

—ja havaitsee kävelevänsä hitaasti alas Kastman satamaan johtavaa katua, joka on sopivasti nimeltään Satamakatu. Kaupunki on rakennettu paikoin jyrkästikin kohoaville kallioisille rinteille, jotka ovat asettuneet suojaisan lahden tyveen. Satamakatu laskeutuu rantaan väliin loivasti, väliin niin jyrkästi, että jalan kulkemista helpottamaan on rakennettu portaita. Ihan vain muutama porras, korkeintaan viisi kerrallaan, molemmilla sivuillaan takorautakaide. Aasla antaa kätensä liukua alas yhtä sellaisista kaiteista ja tuntee syvää rauhaa ja iloa. Hän rakastaa tätä kaupunkia, joka niin raukeana ojentautuu kukkuloilleen ja katselee meren välkkyvää pintaa kuin auringossa lekotteleva kissa. Talot on rakennettu enimmäkseen kellertävästä hiekkakivestä, jota Suulasaarella on runsaasti. Kivessä on pikkuruisia kimaltavia hiukkasia, jotka kipinöivät auringon osuessa niihin sopivasti. Arkkitehtuuri on niukkalinjaista, jotenkin asiallista, mutta Aasla pitää erityisesti sen koreilemattomuudesta. Hän ei ole mikään krumeluuri-ihminen, joten rauhallisesti kaartuvat linjat ja pyöristetyt muodot, jotka eivät hyökkää silmille, ovat hänelle mieleen.

Saarelaiset ovat rakennustaiteellaan matkineet luontoa; missään ei ole mitään sellaista, joka ei näyttäisi kasvaneen itsestään noille kellanpunertaville kallioille ja reheviin laaksoihin.

Satamakatu laskeutuu satamaan, kuten odottaa sopii. Aasla rakastaa Kastman satamaakin. Mitäpä hän ei rakastaisi Saarilla? Ehkä moskiittoja; niistä hän ei niin kauheasti välitä. Ne kuitenkin ovat oleellinen osa luontoa, toisin kuin minä, Aasla ajattelee. Ne ovat luonnonjärjestyksessä tärkeämpiä kuin minä. Jos minä katoan, luonto jatkaa eloaan kuten ennenkin, mutta jos moskiitot katoavat, koko systeemi romahtaa.

Niinpä niin, hymyilee Aasla itsekseen, siinä nähdään, mikä merkitys ihmisellä on kaiken keskellä. Tuholainen hän on, pahimmillaan, ja kaiken pilaaja. Ja kuitenkin…

Aasla pudistelee ajatuksilleen päätään lähtiessään kulkemaan rantakatua. Siinä avautuu hänen silmiensä edessä satama ja tori, jonne maalaiset ja kalastajat tuovat tuotteitaan. Vihannesten, hedelmien ja kukkien värit ja tuoksut hurmaavat Aaslan, ja hän kiertelee kauan kojujen seassa vain katsellen ja nauttien kaikesta näkemästään. Hän pysähtyy ostamaan kypsän mangon nuorelta naiselta, joka on sydäntäriipaisevan kaunis. Saarelaiset ovat kauniita ihmisiä, sirorakenteisia ja kevytliikkeisiä. Hedelmiä myyvä tyttökin on kuin nukke.

Aasla pyytää tyttöä paloittelemaan hedelmän valmiiksi hänelle, niin että hän voisi syödä sen heti. Hän katselee, miten näppärästi tyttö halkaisee mangon, viiltelee hedelmälihan kuutioiksi ja leikkaa kullankeltaiset, tuoksuvat hedelmänpalaset suoraan pieneen kulhoon. Lisättyään mukaan vielä pienen haarukan hän ojentaa sen hymyillen Aaslalle.

Aasla kulkeutuu hitaasti kohti laivalaituria. Torin ja laiturialueen välissä kasvaa rivissä lehteviä puita, joitten alle on asetettu penkkejä. Käyttäen hyväkseen tilaisuutta asettua varjoon puun alle Aasla istahtaa lähimmälle penkille. Hän ottaa haarukan käteensä ja keihästää siihen pikku kuution hedelmää. Voi miten hyvää se on! Suomessa ei ole sellaisia mangoja, ainakaan hän ei ole koskaan saanut maistaa siellä sellaista. Hän nautiskelee hitaasti jokaisesta palasta.

Syödessään hän tulee ajatelleeksi, miten omituista se kaikki oikeastaan on. Hän istuu penkillä maailmassa, jota ei oikeastaan ole muualla kuin hänen mielikuvituksessaan, ja syö hedelmää, jonka on kuvitellut itse. Hän kuvittelee syövänsä... mitä? Mitä hän oikeastaan syö? Vai syökö mitään? Ainakin se maistuu jumalaisen hyvältä hänen suussaan. Kai minä voin tehdä täällä mitä tahansa siksi, koska olen luonut tämän kaiken itse, hän ajattelee. Tämä on siis olemassa samassa todellisuudessa kuin minä. Kaikki täällä oleva on minun luomaani.

Viimeisenkin hedelmänpalan kadottua hänen suuhunsa hän tulee miettineeksi, mistä materiaalista haarukka on tehty. Se on puinen, ja kulho puolestaan on tehty jostakin kuituisesta aineesta, joka on puristettu muotoonsa. Paperimassaa se ei ole, siitä Aasla oli varma. Ehkä jotakin kasvikuitua? Mutta hän ei saa siitä selvää.

Hän nousee pudottamaan kulhon haarukoineen roskapönttöön, joka seisoo vähän matkan päässä penkistä. Roskapönttökin on kaunis. Se on suuri kala, joka on loikkaamassa kita ammollaan saaliin perään. Se on veistetty taidokkaasti ja viimeistä suomua myöten yksityiskohtaisesti puusta, ja merenrannan säiden vaihtelut ovat patinoineet sen pinnan niin, että se näyttää melkein elävältä.

Aasla palaa takaisin penkille. Laiturissa on valtavan suuri matkustajalaiva, soukkalinjainen ja kaunis. Sen keulaan on molemmille puolille maalattu silmäkuvio, ja sama kuvio toistuu lipussa, jota leppoisa merituuli liehuttaa komentosillan yläpuolella. Laiva on samarkainialainen risteilyalus, joka on poikennut Kastmaan matkallaan kenties maailman ympäri. Samarkainia on Jernein luoma maailma, se sijaitsee pohjoiseen Saarilta, meren takana. Sen takana on Vösia, ja mitä taas sen takana on, sitä Aasla ei muista juuri nyt, eikä sillä ole väliäkään. Pitkiä, solakoita samarkainialaisia turisteja kuljeskelee torilla, heidät on helppo erottaa saarelaisista. He puhuvat laefêvëšiä, Jernein luomaa kieltä, jota Aasla ei osaa kuin muutaman sanan. Hänestä se on kaunista, täynnä pehmeitä, pyöreitä äänteitä. Ikävä kyllä kaikki samarkainialaiset eivät ole käytökseltään yhtä kauniita kuin kieleltään ja ulkonäöltään. Jotkut heistä ovat ylimielisiä ja töykeitä, ihan kuin he pitäisivät itseään muita parempina ihmisinä. Heidän tekniikkansa onkin korkealle kehittynyttä. Samarkainia on houkutellut monia saarelaisia töihin tutkimuslaitoksiinsa. Saarelaisilla, varsinkin miehillä on erikoinen kyky, joka ei ole samarkainialaisilla läheskään yhtä kehittynyt: he pystyvät ajattelemaan moniulotteisesti tavalla, jota samarkainialaiset voivat vain kadehtia.

Tuota minä en varmaankaan ole luonut, Aasla hän tulee sitten ajatelleeksi otsa rypyssä katsellessaan samarkainialaista laivaa, enkä noita samarkainialaisia ihmisiä.

Vai olenko?

Tarkemmin ajateltuaan hänen on myönnettävä, että ne ovat kuin ovatkin hänen omia luomuksiaan. Vaikka Samarkainia ja sen kielet ovat Jernein luomuksia, kaikki, mikä täällä on sikäläistä, on hänen omaa luomustaan, vain hänen mielikuvansa Jernein luomista asioista.

– Se on kaunis.

Aasla kääntyy. Penkin taakse on pysähtynyt seisomaan mies, joka katselee laivaa arvostelevasti, pää hieman kallellaan. – Se on rakennettu täällä.

– Niinkö? Aasla hämmästyy. – Luulin, että samarkainialaiset—

– Eivät he hallitse laivanrakennusta yhtä hyvin kuin avaruusteknologiaa, mies hymähtää. – Meillä tuo on rakennettu, Riutan telakoilla.

Sitten mies kääntää katseena laivasta Aaslaan. Katse arvioi hänet yhtä tarkasti kuin äsken laivan. – Et taida olla täkäläisiä. Oletko työssä tuolla?

Nyökkäys kohti valkokylkistä alusta.

Aasla irvistää sisäisesti. Hänet on siis punnittu ja arvioitu ihmiseksi, jolla ei ole varaa nousta matkustajana tuohon laivaan. Samarkainialainen hän ei ole, ei saarelainenkaan, siispä hän on peräisin jostakin merentakaisesta hevonkuusesta.

– Turisti minä olen, mutta en tullut laivalla.

Mies nyökkää. – Salli minun esittäytyä. Nimeni on Kivkas.

49

Hän ojentaa kättään, ja Aasla tarttuu siihen mutisten nimensä. Hänestä on hauskaa, että saarelaiset käyttävät vain yhtä nimeä. Heillä on sukunimi, mutta sitä he käyttävät tuskin muualla kuin virallisissa papereissa. Mies pitää Aaslan kättä omassa lämpimässä kädessään ja katsoo häntä silmiin, otsa rypyssä. Selvästikin hän yrittää sijoittaa Aaslan johonkin kategoriaan mutta ei onnistu. Miehen silmät ovat tumman hunajan ruskeat, ja niissä on kultaisia pilkkuja. Aaslasta tuntuu siltä kuin häntä tarkastelisi epäluuloinen urosleijona, sillä miehen tukka on epätavallisen paksu, hartioille ulottuva ja väriltään kuivuneen ruohon kellertävä. Mies ei ole nuori, vaikka ikää on vaikea sanoa saarelaisista, varsinkin miehistä, koska he ovat paljon merellä. Meren suolaiset tuulet ja aurinko vanhentavat ihon nopeasti. Hän ei ole juuri Aaslaa pitempi.

– Saanko olla utelias? Mistä päin olet kotoisin?

Aasla hymyilee ja vetää kätensä vapaaksi. – Olen kierrellyt, hän sanoo epämääräisesti ja kääntyy katsomaan matkustajalaivaa.

– Kunpa pääsisinkin joskus tuollaisen kannelle. Rakastan merta.

– Kukapa ei rakastaisi? Kivkas sanoo. – Ajattelin vain… Puhut kieltämme, mutta et ole näiltä saarilta.

Minä olen luonut tämän kielen, ajattelee Aasla, onko siis kumma jos puhun sitä? Ääneen hän sanoo: – Minulla oli lapsena ilo olla tekemisissä saarelaisten kanssa. Naapurustossa asui kaksikin perhekuntaa saarelaisia. Lapsena oppii kieliä melkein huomaamattaan.

Voi, miten helppoa onkaan kehitellä tuollaista soopaa.

Kivkasin tarkkaavainen katse kuitenkin hämmentää Aaslaa sen verran, että hän huomaa lörpöttelevänsä. – Suunnittelen seuraavaksi menemistä Kivikolle sukeltamaan, siellä on kuulemma hyvin kaunista. Koralleja ja kaloja ja kaikenlaista.

Kivkas nyökkää. – Kyllä, siellä on hyvin kaunista. Ja myös vaarallista. Siitä ei ole viikkoakaan kun hai hyökkäsi sukeltajan kimppuun. Nuoren miehen.

– Miten kävi?

– Nuorukainen jäi henkiin, mutta haavat ovat pahat.

– Hänen vanhempansa olivat varmasti kauhuissaan, Aasla sanoo myötätuntoisesti. – Mutta nuoret miehet ovat hurjapäitä. Kai se kuuluu asiaan.

– Niin, Kivkas myöntää. – Olin itsekin nuorena... taidan olla vieläkin. Käyn usein sukeltelemassa Kivikolla.

– Niinkö? Sittenhän voisit kertoa minulle siitä, ehkä antaa vinkkejä mihin siellä kannattaisi mennä.

Aasla ei pidä oman äänensä sävystä. Hän kuulostaa omissa korvissaan liian, no, kiinnostuneelta. Onko se kumma? Tässä hän jutustelee kaikessa rauhassa aikuisen miehen kanssa, joka näyttää kaikin puolin mukavalta. Siis mukavalta katsella, ja kuunnella. Hän ei edes muista, milloin on viimeksi päässyt puheisiin minkään näköisen miehen kanssa. Jerneitä, hädin tuskin kahta ensimmäistä kymmentään elänyttä, hän ei laske aikuiseksi mieheksi.

Kivkas laskee katseensa ja näyttää miettivän jotakin. Sitten hän nostaa katseensa taas Aaslaan, ja sanoo: – Minulla on vene. Ehkä voisimme käväistä siellä yhdessä.

Aasla saa hädin tuskin estettyä leukaansa loksahtamasta.

– Sinne ajaa tunnissa, Kivkas sanoo. – Voisin esitellä paikkoja.

Aaslan katse etsiytyy vaistomaisesti miehen käsiin. Sormuksia ei näy. Saarelaiset käyttävät mielellään sormuksia, mutta eivät välttämättä avioliiton merkkinä.

Kivkas arvaa Aaslan ajatusten suunnan ja sanoo: – Olen leski. Hänen silmissään näkyy muisto pohjattomasta surusta. – Vaimoni kuoli kauan sitten. En ole avioitunut uudestaan. En ole... Hänen äänensä vaimenee pois ja hän kohauttaa hartioitaan kuin puistellen pois epämiellyttävän ajatuksen.

– Voi kuinka ikävää! Aasla huudahtaa lämpimästi. Hän tarttuu Kivkasin käteen ja puristaa sitä myötätuntoisesti. – Otan osaa.

– Kiitos, sanoo Kivkas vakavasti. – En kuitenkaan enää juuri ajattele niitä aikoja.

Aasla avaa suunsa sanoakseen jotakin, kun—

—sairaanhoitaja tarttuu riuskasti pyörätuolin sarviin viedäkseen hänet sydänfilmiin mutta ei saa kapinetta liikkeelle. Hän kopeloi jarrua ja saa sen pois päältä. Nyt pitäisi... mutta se turkasen romu ei hievahdakaan.

Silloin Aasla hermostuu ja loikkaa ylös. – En tarvitse tuota, hän sanoo äreästi.

Hän kieltäytyy istumasta takaisin, ja niin hoitaja opastaa hänet tutkimushuoneeseen ja kehottaa paljastamaan nilkat ja yläruumiin.

Aasla vetäisee puseron päänsä yli ja riisuu rintsikkansa. Tietysti hänellä pitääkin olla yllään melkein kaikkien vanhimmat ja harmaantuneimmat rintaliivinsä. Se ei ole omiaan ainakaan parantamaan hänen tunteitaan. Hän asettuu ritsille selälleen ja hoitaja alkaa kiinnittää antureita hänen yläruumiiseensa ja nilkkoihinsa. Sitten Aasla vain makaa siinä ja kuuntelee piirturin vaimeaa rahinaa sen piirtäessä hänen sydämensä jättämiä jälkiä. Hän tietää, että käyristä tulee hassuja, sillä sydän potkiskelee rintaontelossa kuin höperö jänis.

Otettuaan sydänfilmin hoitaja opastaa Aaslan päivystysvastaanottoon. Hän ei suostu edelleenkään asettumaan pyörätuoliin, joten hoitaja työntää sitä hänen perässään.

Aasla tuntee itsensä juonittelevaksi lapseksi.

Lääkäri on nuori nainen. Hänen kasvoillaan on huonosti salattuna se ilme, joka juoruaa lääkärin uskovan edessään olevan taas yhden niistä vanhenevista naisista, jotka kesähelle on nujertanut.

Lääkäri kuuntelee stetoskoopillaan keuhkot ja sydämen, tunnustelee viileällä, kapealla kädellä pulssia, kyselee juomistavoista, kertoo sydänfilmissä näkyvän sekä kammio- että eteislisälyöntejä, mutta ei mitään vaarallista. Aasla vakuuttaa lääkärille tietävänsä sydämensä toimivan omituisesti mutta vaarattomasti eikä uskokaan olevansa hengenvaarassa. Hän kertoo tulleensa vain varaamaan aikaa ja joutuneensa vastaanottohoitajan huolestumisen takia tähän tilanteeseen. Hän melkein pyytelee anteeksi olemassaoloaan, edelleen karvastelevan häpeän lannistamana.

Lääkäri lähettää hänet verikokeisiin nähdäkseen, ovatko hänen suolansa ja entsyyminsä kunnossa ja lupaa soittaa tuloksista sitten kun ne tulevat. Tämä kaikki tuntuu Aaslasta turhalta, mutta ei hän vastustelekaan. Hoituuhan homma näinkin. Hiukan aikaisemmin kyllä kuin hän oli ajatellut, mutta mitäpä siitä. Hänen sydämensä pitää omaa elämäänsä edelleenkin, ja hän haukkoo henkeään mennessään taas kotiin hehkuvassa helteessä. Mitään varsinaista apua hän ei ole saanut, mutta ainakaan hän ei ole saamaisillaan infarktia tai jotain vielä pahempaa.

Häpeän tunne vain sinnittelee.

Se johtuu siitä, että olen vanha, Aasla ajattelee nöyrästi. Minun pitääkin ymmärtää hävetä. Ja sitten hän purskahtaa nauruun ja tuntee itsensä taas omaksi itsekseen.

Pahuksen sairaanhoitaja, hän ajattelee toisaalta harmistuneena, toisaalta huvittuneena, pitikö hänen tulla juuri kun oli alkamassa niin lupaava seikkailu?

9. Luku

jossa Aasla harrastaa hengenpelastusta ja käy kaikkeuden ytimessä. Jernei osoittautuu neroksi ja muistelee lapsuuttaan. Enkelit ja henkiolennot pannaan ruotuun.

Aasla kulkee kosteassa, kuumassa viidakossa. Hän näkee vihreitä, suurilehtisiä kasveja, niitä on tiheässä, ja niitten alla koukertelee oikukkaita polkuja. Eläinten tallaamia, ja ihmistenkin. Hän ei muista olleensa siellä aikaisemmin, mutta hän tietää olevansa siellä, koska Rovka on hänet kutsunut. Miten? Sitä hän ei muista. Hän seuraa päästäistä vaikka ei näe sitä, se on niin pieni ja nopea. Se vilistää menemään aluskasvillisuudessa ja kirskahtelee hänelle. Sen ääni on kuin pikkuruisen ruosteisen saranan vingahtelua. Se opastaa häntä eteenpäin, ja verenhimoiset hyönteiset ovat tehdä hänet hulluksi. Hänellä on hätä päästä kiireesti jonnekin, hän ei tiedä minne tai miksi, mutta päästäinen tietää. Se opastaa häntä kiroten hänen hitauttaan ja kömpelyyttään ohuella, terävällä äänellään. Se ei pidä hänestä, ei kai kenestäkään, paitsi tietysti Jerneistä. Jernein takia se sietää Aaslaa.

Korkealla yläpuolella puitten lehvistössä kahahtelee ja parvi pieniä apinoita pakenee heilautellen itseään oksalta toiselle pitkillä käsivarsillaan. Aaslan mielestä ne ovat rumia, pitkänokkaisia ja takkukarvaisia, eikä niitten äänikään ole rikkinäisen pasuunan turauttelua kummempaa. Ne säikkyvät häntä ja hän niitä. Hän lyö taas yhden hyönteisen veriläikäksi käsivarteensa ja koettaa lisätä vauhtia. Polku on kyllä sileäksi tallattu mutta niin kapea, että oksat hakkaavat häntä päin kasvoja, ja hän on jo ytimiään myöten märkä hiestä ja ilman kosteudesta. Viidakon vihertävässä hämärässä kuuluu kaikenlaisia ääniä, joitten alkuperästä hänellä ei ole aavistustakaan. Hän miettii ohimennen, mahtaako tämä olla sellaista viidakkoa, jossa voisi olla suuria kissapetoja, kuten vaikka tiikereitä tai leopardeja tai – Aasla ei uskalla jatkaa ajatusta sen pitemmälle. Hän ei osaa kuvitellakaan mitä tekisi, jos tiikeri tulisi polulla vastaan, mutta hän osaa kyllä kuvitella mitä tiikeri tekisi. Hänestä ei ole vastusta hamsteria suuremmalle otukselle.

Hän ei ymmärrä, mitä apua hänestä voisi olla Jerneille.
Vielä yksi polunmutka ja edessä on lampi. Sen vesi heijastaa kaiken rannoillaan kasvavan ylenpalttisen vihreyden himmeästä hopealevystään. Polku päättyy vesirajaan, pienelle hietikolle. Hiekassa näkyy kolmivarpaisia jälkiä, ei suuria mutta epämääräisen pelottavia kuitenkin. Ne näyttävät vievän suoraan veteen. Päästäinen juoksee hiekalle ja nuuskii terävä kuono väpättäen jälkiä. Se näyttää silkkisamettiselta lelulta juoksennellaan ympäri hietikkoa nuuskuttaen ja kirskahdellen, eikä Aasla ymmärrä mitä se tahtoo tai tarkoittaa. Äkkiä se puikahtaa piiloon kasvien alle, eikä sen ääntäkään kuulu enää.

Aaslalle tulee kiusallinen tunne, että hänen pitäisi mennä lampeen. Hän koettaa epäröiden kädellään vettä. Se on lämmintä. Hän aikailee vielä hetken ja kahlaa sitten veteen. Hän ei suo ajatustakaan vaatteilleen edetessään syvemmälle. Vesi yltää pian hänen vyötärölleen, sitten kainaloihin. Hän vetää henkeä ja painaa päänsä veteen. Vesi on vihertävää mutta ihmeen puhdasta. Hän näkee epämääräisen kasan edessään, jotain vaaleaa, kuin oksia. Luita! Joissakin liehuu levää ja – voiko se olla totta? – vaatteenriekaleita. Hän näkee kalloja, jotka tuijottavat häntä vihertävän udun läpi tyhjillä silmäkuopillaan. Ja sitten hän näkee Jernein. Poika makaa luukasan vieressä hiekkapohjalla ja katsoo häntä suurin silmin. Vain katsoo, ja hänen vaaleanruskeat hiuksensa liikahtelevat vedessä. Jernein vieressä istuu pieni eläin lonkkiensa varassa. Se painaa etujalkojaan rintaansa vasten ja katsoo häntä. Sillä on iso pää melkein pelkkää suuta, josta pistää esiin häijyn näköisiä hampaita. Aasla panee merkille, että sen sieraimet ovat puristuneet kiinni, ja että sillä on häntä, johon se nojaa istuessaan. Se katsoo häntä ja vilkaisee sitten Jerneitä.

Aaslan valtaa hirvittävä raivo. Hän syöksähtää kohti eläintä, ja se hyppää pois kevyesti kuin kenguru aavikolla, veden vastustuksesta piittaamatta. Vain pieni hiekkapyörre jää jäljelle osoittamaan sen istumapaikkaa. Aasla kumartuu, tarttuu Jerneitä ohuesta käsivarresta ja nostaa hänet pystyyn. Hän vetää kevyen nuorukaisen ylös, pintaan, ja vie hänet hiekkarannalle. Vieläkään Jernei ei sano mitään. Hän vain katsoo. Rovka tulee esiin piilostaan, kiipeää Jernein käsivartta ylös olkapäälle ja alkaa kirskuttaa hänen korvaansa kuin pieni, vihainen, ruosteinen sarana. Silloin Aasla hätkähtää hereille mutta kuulee yhä vaimean, kirskuvan ääneen. Se on kuin pieni, vihainen, ruosteinen sarana.

Kirskahdukset tosiaankin kaikuvat vielä hänen korvissaan, vaikka hän tietää olevansa hereillä. Hän tietää äänen olevan peräisin hänen unistaan. Hän on uupunut, ei jaksa edes avata silmiään. Taas hän on tehnyt jotakin yöllä. Jotakin joka ei suo lepoa ruumiille, ei ehkä sielullekaan. Silmät yhä kiinni hän hapuilee käsikopelolla kylpyhuoneeseen. Se tie on ainakin tuttu, näki hän sitä tai ei. Loiskutettuaan reilusti kylmää vettä kasvoilleen hän jaksaa raottaa toista silmäänsä. Aamu on harmaa, ainakin yhdellä silmällä nähtynä. Hän raahustaa parvekkeelle. Sielläkin on harmaata. Sadepilvet makaavat alhaalla ja antavat tulla tasaista tihkua. Mutta ilma on lämmin. Kostea ja lämmin, samanlainen kuin hänen unessaan. Hänen ihonsa muistaa kostean lämmön. Mutta vieläkään hän ei jaksa nostaa toisen silmän luomea. Hän palaa takaisin sänkyynsä ja rojahtaa makuulle kuin raskaan päivän raataneena.

– Minun pitää kertoa tästä Jerneille, hän ajattelee. – Hänelle on varmaankin tapahtunut jotakin ikävää, tai sitten hänellä on huolia. Miksi muuten Rovka olisi tullut hakemaan minut sinne minne hakikin. Missä se viidakko mahtoi olla? Ehkä se oli Saarilla. On se mahdollista. Siellähän on aika trooppinen ilmasto; ainakin Balalarin, Suulasaaren isoimman joen laakso on viidakkoista. Mutta mahtaako siellä olla sellaisia otuksia? Pieniä dinosauruksia? Minä en ainakaan ole ajatellut mitään sen tapaistakaan. Mutta sillä planeetalla saattaa noin yleensä olla vaikka mitä, enhän minä ole itse suunnitellut kaikkea. Pitää kysyä Jerneiltä. Entä kuinka kauan jaksan jatkaa tämmöistä yöpuuhastelua?

Yhtäkkiä Aasla tulee ajatelleeksi, miltä mahtaisi tuntua silloin kun on kuollut ja muuttunut energiaksi. Sielunhan pitää muuttua energiaksi, eikö niin? Ja ruumiin myös. Kaikki muuttuisi joskus tasaiseksi massaksi. Aika kulkee entropian lisääntymisen suuntaan, kohti kaiken muuttumista harmaaksi massaksi. Ainakin hän näkee sielunsa silmin entropian lopputuloksen harmaana massana. Kaikki uiskentelee siinä sitten, niin sielu kuin ruumiskin.

Ajatus huvittaa häntä.

Jotenkin siitä tulee mieleen sammakonkutu, ei ihan uusi, vaan sellainen, josta nuijapäät kohta kuoriutuisivat, vai mitä ne tekevätkin kun saavat häntänsä ja pääsevät vipeltämään veteen sakeana parvena.

Nuijapääparvi ei kyllä näytä tasa-aineiselta, hän ajattelee.

Hyvä olo täyttää hänet kokonaan.

Miltähän tosiaankin mahtaisi tuntua sitten kun olisi muuttunut energiaksi? Hän tuntee nousevansa irti ruumiistaan, jonnekin ylöspäin, läpi katon yhä vain ylöspäin, kohti taivasta, mutta häntä ei ympäröikään taivaan sinisyys eikä avaruuden mustuus vaan valo. Se on varjotonta kirkkautta, joka ei säteile mistään tietystä suunnasta. Kaikki on sitä samaa valoa, mitään muuta ei ole, ja hän huomaa itse olevansa myös valoa, valoakin kirkkaampaa valoa, ikään kuin valompi läikkä valossa. Hän tuntee itsensä omaksi itsekseen, vaikka onkin pelkkiä valokielekkeitä, jotka hulmuavat rauhallisesti ytimen ympärillä, tai ainakin jonkin hieman suuremman valoläikän − valokartion? − ympärillä.

Ei ihme että ihmiset väittävät enkeleillä olevan siivet, hän ajattelee, nämä valoliehut varmaankin muistuttavat kaukaa katsottuna siipiä. Muuten, mistä minä tiedän, miltä ne näyttävät kaukaa katsottuina? hän ajattelee laiskasti.

Hän vain tietää, ja sitten hän tulee ajatelleeksi seuraavan ajatuksen, eli sen, miltä mahtaisi tuntua tavata muita energiaksi muuttuneita sieluja.

Siinä samassa hän onkin keskellä itsenä kaltaisten valotihentymien ryhmää ja tuntee sanomattoman syvää iloa, kuin sellaisen ystävän tapaamisesta, jota on kauan kaivannut uskomatta enää koskaan näkevänsä. Kaikki valotihentymät hyväilevät toisiaan liehuvilla kielekkeillään ja jakavat ilon ja onnen tunteen. Aslasta tuntuu siltä kuin äiti silittäisi hänen poskeaan ja pitäisi häntä lujasti sylissään, ja sitten hän tuntee kauan sitten kadottamiensa rakkaitten ystävien halauksia ja kuulee ilonhuudahduksia.

Ja silti kaikki on vain valon tanssia valossa, vailla muotoja ja hahmoja.

Asla löytää itsensä taas makaamasta painavana omalla vuoteellaan. Kyynelpurot virtaavat alas hänen ohimoitaan, ja hänen sydäntään kouristaa menetyksen tuska, mutta se haihtuu pian jättäen jälkeensä ihmettelevän ihastuksen. Hän on saanut maistaa jälleennäkemisen autuutta.

Nyt hän tietää miltä tuntuu muuttua energiaksi ja yhtyä muuhun energiaan, ja silti pysyä omana itsenään.

Sitä kokemusta hän ei unohtaisi ikinä.

Hän kuvailee tapahtuman Jerneille kun he ovat seuraavan kerran puheyhteydessä. Hänen yllätyksekseen Jernei sanoo tietävänsä tarkalleen, mitä Aasla tarkoittaa. Hänelläkin on ollut samantapainen kokemus.

Aasla pyytää häntä kertomaan siitä.

– En muista tarkalleen, milloin se tapahtui, kertoo Jernei. – Olin silloin hyvin pieni. Ehkä se tapahtui jo ennen kun näin puitten tanssivan. Muistan että makasin sängyssä äidin vieressä. Olimme varmaan päivätorkuilla, koska aurinko paistoi ikkunasta sisään ja heijastui laipioon jostakin, ehkä lampusta. Siinä oli hassu valokuvio. Tuijotin sitä ja nousin siihen valokuvioon. Ympärilläni liehui valoja, ja minäkin olin valoa. Olin hyvin onnellinen silloin. En muista muuta.

– Mahtavaa! huudahtaa Aasla. – Ehkä me olemme enkeleitä!

– Tuskin sentään; olemme liian pakanallisia taivaalliseksi sotajoukoksi. Sitähän enkelit ovat. Niin minulle on opetettu. Minähän olen katolilainen. Ainakin teoriassa, Jernei virnistää.

– Minä en itse asiassa usko niitä olevankaan, tunnustaa Aasla. – Ainakaan sellaisina kuin tavallisesti ajatellaan. Kaikenlaisia henkiolentoja kyllä on, sen olen itse nähnyt ja kokenut. Enkeli on jumalansa sanansaattaja, raamatun mukaan. Jos uskoo enkeleihin, pitää uskoa niitten jumaliinkin.

– Se on hauska ajatus, miettii Jernei. – Mekin voisimme kehitellä itsellemme enkeleitä, sillä mehän oikeastaan olemme omien maittemme jumalia.

– Tosiaankin! Aasla ilahtuu. – Mistä tulikin mieleeni, että en ole tainnut kertoa sinulle, kuinka pelastin henkesi tässä eräänä yönä. Miten on, onko planeetallamme dinosauruksia tai lohikäärmeitä?

Tovin mietittyään Jernei muistaa, että pienistä lohikäärmeistä on ollut puhetta. Joku, hän ei muista kuka, halusi niitä. On hyvin todennäköistä, että niitä on ainakin Samarkainiassa.

– Miten niin pelastit?

– Rovka haki minut kun nukuin, eli se tapahtui unessa. Ei se silti ollut tavallinen uni. Se oli aivan todellinen. Joku pieni tyrannosaurus rexin näköinen otus oli raahannut sinut veden alle ja valmistautui pistelemään poskeensa. Hätyytin sen pois ja kiskoin sinut ylös sieltä.

– Hurjaa! Entä sitten? Mitä tapahtui?

– Ei mitään. Heräsin ja olin ihan naatti.

– Milloin se tapahtui?

– On siitä jo jonkin verran aikaa. En muista. Ehkä pari viikkoa. Onko sinulle tapahtunut jotain ikävää viime aikoina?
– Ei. Tenttejä vain on ollut, ja vielä on pari tulossakin.
– Tappavia?
– Niinkin voisi sanoa, Jernei nauraa. – Viimeksi oli kiinan kielestä.
– Miten kävi? Varmaankin hyvin?
– Joo, ihan hyvin. Täydet pisteet.
– Kiinan kielestä! Sinä olet nero!
– Niin kai sitten, sikäli mikäli täydet pisteet kiinan tentistä on sen merkki.
– Koska aika ei ole muissa dimensioissa samanlaista kuin maapallolla, ongelmat saattavat olla vasta tulossa, varoittaa Aasla vielä.

Se ei huolestuta Jerneitä. Ei kyllä Aaslaakaan. Hulluinta, mitä ihminen voi tehdä, on murehtia etukäteen mahdollisesti joskus kohdattavia murheita. Kyllähän niitä tulee. Kukapa niitä voisi välttää. Mutta pienillä ihmisillä on pienet murheet, Aasla arvelee. Hän ei pidä itseään miltään kantilta ajateltuna suurena ihmisenä.

Jernei on samaa mieltä. Hänkään ei pidä itseään suurena ihmisenä. Ainakaan vielä.

10. Luku

jossa Jernei näkee merkillistä unta ja Aasla kokee ihmepelastuksen, seikkailee myrskyssä ja kuulostelee mielenrauhansa tilaa. Jernei tapaa henkiauttajansa.

Jernei näkee unta. Hänellä on pakottava tunne, että hänen pitäisi tehdä jotakin, mutta mitä, sitä hän ei tiedä. Hän seisoo rikkonaisella, laajalla lattialla ja katselee ympärilleen. Hän on vanhan rakennuksen raunioissa, avarassa tilassa, joka on kenties ollut valtava sali. Seinässä hänen edessään näkyy aukko. Sen peittona on joskus ollut vankka ovi; lahonneet ja toukkien nakertamat jäänteet makaavat yhä lattialla. Hän kurkistaa varovaisesti sisään.

Hän näkee toisen suuren salin, jonka seinät katoavat kaukaisuuteen ja lattia on melkein täysin romahtanut.

Hän näkee naisen, joka on sidottu köydellä. Hänellä on varma tieto mielessään, että tuo nainen on itse asiassa Aasla.

– Aasla?

Hän se on, ja hän näyttää kauhistuneelta. Hän katsoo Jerneitä kuin ilmestystä, silmät suuriksi revähtäneinä. Hänen ympärilleen on kierretty paksua köyttä moneksi tiukaksi lenkiksi. Köyden toinen pää katoaa jonnekin ylös. Mihin, sitä ei voi nähdä. Hän pudistaa hurjasti päätään kun Jernei astuu oviaukosta sisään ja lähtee tulemaan häntä kohti. Vasta päästyään aivan lähelle Jernei huomaa Aaslan seisovan osittain sortuneen kivilattian pienellä, ammottavan tyhjyyden päälle kurottuvalla kielekkeellä.

Jernei pysähtyy ja katsoo ympärilleen. Lattia on vaarallisen huteran näköinen, täynnä halkeamia ja rakoja. Mutta hän on kevyt. Hän uskaltautuu ottamaan varovaisen askeleen, sitten toisen, päästäkseen lähemmäksi Aaslaa. Aasla pudistelee yhä hurjemmin päätään. Jernei ei itsekään tiedä, mitä voisi tehdä häntä auttaakseen. Minun pitää vetää hänet pois kielekkeeltä, Jernei ajattelee. Hän tuntee pahenevaa hätää, painostavaa kiireen tunnetta. Hän ottaa vielä yhden askeleen.

Lattiasta irtoaa kivi ja lähtee putoamaan.

Kestää kauan ennen kuin rysähdys kuuluu jostain alhaalta.

Jernei kurkottaa kohti Aaslaa vetääkseen hänet turvaan, pois tyhjyyden päältä. Silloin kieleke murtuu ja Aasla putoaa. Jernei ehtii kietaista kätensä hänen vyötärönsä ympärille. Köysisidos alkaa purkautua saaden heidät pyörimään villisti ympäri. Jernei pitää lujasti kiinni. Aasla löytää vihdoin äänensä: – Päästä irti!

Mutta Jernei ei hellitä otettaan. He kieppuvat alaspäin, yhä vain alaspäin, pimeyteen, kiljuen kauhusta yhteen ääneen. Sitten köysi loppuu ja putoaminen pysähtyy yhtäkkiä, ja—

—Jernei huomaa kavahtaneensa istumaan sängyssään. Hänen sydämensä jyskyttää hurjasti. Hän huohottaa kuin olisi juossut kovaa vauhtia, pakoon jotakin uhkaa. Hän ei muista untaan, mutta jotain epämiellyttävää se oli. Hän käpertyy takaisin peittonsa alle.

Juuri ennen nukahtamista hänestä tuntuu siltä kuin jokin hyvin pieni ja kevyt juoksisi hänen kasvojensa yli.

Aasla tallustaa hitaasti ylös mäkeä, korkeitten kerrostalojen välissä. Mäki on noustava jos mielii päästä pururadalle. Myrskyää; tuuli työntää häntä takaapäin keventäen kulkemista. Mäen puolivälissä hän pysähtyy puuskuttamaan ja katsomaan maahan rojahtanutta kuusta. Tuulen suunta on ollut armelias: puu ei ole osunut taloon, jonka vieressä se kasvaa. Tai on kasvanut. Aasla miettii, milloinkahan puu on mahtanut kaatua. Viime aikoina on myrskynnyt usein, eikä hän ole kävellyt tätä reittiä viikkokausiin.

Mäkeä alaspäin tulee matala, leveä rouvashenkilö. Hänen on vaikea päästä kulkemaan tuulta päin. Hän pysähtyy Aaslan kohdalle ja puhkeaa ihmettelyyn. – Ei tuossa vielä vartti sitten maannut tuota kuusta! sanoo hän. Punaisen baskerin reunan alta katselevat virkeät, hämmästyneet silmät.

– Minä tässä mietinkin milloin se— alkaa Aasla.

– No ihan sinä aikana kun menin tästä ylös mäkeä, sanoo rouva tohkeissaan. – Ei siitä ole pitkä aika, vartin verran korkeintaan.

– Onneksi ei ole taloon osunut, sanoo Aasla toteavasti.

– Niin, huokaisee rouva. – Mutta niin kovasti tuuli kun menin ylös mäkeä että ihan jalkoihini sekosin. Hän roiskaisee päälle naurun ja lähtee jatkamaan matkaansa.

Aaslan tekee mieli mennä kaivelemaan tuoretta juurakkoa. Kaatuessaan puu kääntää esille kaikenlaista mielenkiintoista kuten jalokiviä, kenties jopa fossiileja tai muinaisjäänteitä. Aasla rakastaa kiviä. Hän on löytänytkin jalokiviä, ei arvokkaita, mutta kauniita.

Aaslalla on oudon epätodellinen olo. Myrskytuulessa on voimallista energiaa. Hän tuntee sen luissaan. Se kihelmöi iholla nostattaen ihokarvat pystyyn. Ehkä ilmassa on ukkosta?

Illemmalla, tuulen tyynnyttyä, Aasla kulkee katselemassa myrskyn tuhoja. Puita on kaatunut paljon, sikinsokin, jotkut toistensa päälle, jotkut talojen päälle, jotkut poikittain tielle. Tielle kaatuneet on kyllä jo raivattu pois, jäljellä on vain pölkky- ja oksakasoja. Tämä oli sittenkin vain tavallinen myrsky, ei mikään trombi, joka voi pyyhkäistä mennessään nurin joka ikisen puun kulkureitillään. Mutta kyllä tämäkin myrsky riittää Aaslalle. Hän ymmärtää Luonnon mahdin, hän tuntee sen herkästi sisimmässään. Ihminen on luonnonvoimien edessä avuton. Hän voi vain paeta, painautua koloonsa, odottaa luonnon rauhoittumista.

Ihminen on niin hauras olento Kaikkeudessa.

Aasla tietää ajattelevansa tällaisia ajatuksia koska on vielä hiukan heikko eilisen järkytyksen vuoksi. Hän nimittäin oli vähällä kuolla, vieläpä niin banaalilla tavalla kuin leivänpalaan tukehtumalla. Hän ei yleensä edes syö leipää kuin aniharvoin, hän välttää hiilihydraatteja diabeteksensa vuoksi. Mutta joskus hänen on saatava ruisleipää.

Illalla hän oli voidellut iltakahvinsa kanssa nautittavaksi palan hii-vatonta lähileipomon ruisleipää. Hän mutusteli sitä hitaasti, jalat nos-tettuina jakkaralle, kirja nenän alla. Hänellä on keittiön pöydällä teline, jossa hän pitää aina kirjaa avoimena, milloin mitäkin.

Hän lueskeli joutilaasti siemaillessaan kahviaan ja haukkaillessaan leipäpalaansa. Se ei ollut mikään erityinen kirja, kunhan vain jokin vanha kirjaston tyhjennysmyynnistä ostettu matkakertomus. Se kertoi Siperian matkasta, ja kertoja paneutui hartaasti kaikkiin ikäviin asioi-hin, joita tuli eteen Neuvostoliiton hajoamisen jälkeisen Venäjän anke-assa todellisuudessa. Aasla mietti, miksi kummassa kirjailija ei löytä-nyt niin suuresta maasta kuin Venäjä mitään hyvää. Aasla oli varma, että jossakin täytyi olla tyytyväisiäkin ihmisiä. Kauniita maisemia siellä oli ihan varmasti.

Hän käänsi sivua, ja silloin se tapahtui: hän vetäisi henkeensä palan ruisleipää.

Hän korisi ja koetti yskiä, mutta ei saanut pontta yskäisyihinsä. Hä-nen silmissään alkoi leimahdella valotäpliä. Hänen aivoissaan vilahti ajatus: näinkö minä kuolen? Näin naurettavalla tavalla? Keittiössä, ruista henkitorvessa?

Toinenkin ajatus vilahti hänen päässään: kauankohan kestää ennen kuin alan haista niin pahasti, että naapurit nostavat metelin?

Silloin hän tunsi, miten joku tarttui häntä vyötäröstä ja paiskasi lat-tiaan. Hän putosi raskaasti, ja tärähdys irroitti leivänpalan hänen henki-torvestaan.

Hän jäi makaamaan pitkäksi aikaa siihen paikkaan, huohottaen ja pihisten. Leipäpala oli lennähtänyt hellaa vasten ja makasi sen edessä lattialla viattoman näköisenä, hieman limaisena. Vedet olivat nousseet Aaslan silmiin tukehtumisen aikana, ja nyt hän tirkisteli kyynelnesteen sateenkaaren läpi tuota pientä kuoleman välikappaletta.

Hän makasi siinä kauan ja nousi siten ylös nolostellen, vaikka oli yksin, eikä kukaan ollut näkemässä. Hän oli vielä hieman järkyttynyt; kuolema käväisi niin lähellä. Turha, tarpeeton kuolema. Tai mistä senkin niin varmasti tietää? Ehkä kuolemallani olisi ollut jokin tarkoi-tus, laajemmassa mittakaavassa ajatellen, mietti Aasla. Mutta selvisin vielä. Kaipa siihenkin oli jokin tarkoitus tai syy.

Mutta kuka minuun tarttui? Kuka tönäisi lattiaan? Varmaankaan en saa koskaan tietää.

Ehkä se oli enkeli?

Mutta Aasla ei usko enkeleihin.

Lavuaarin yläpuolinen peilikaappi on vanha. Se on jo melko ruostei-nenkin joistain kohdin, mutta muuten asiansa hyvin ajava kapine. Sen lampussa ei ole valoa, sillä sitä ei ole kytketty sähkövirtaan, mutta sen peiliovet ovat ehyet, tosin eivät aivan puhtaat. Aasla seisoo sen edessä ja pöyhii kädellään tukkaansa, joka on tahmea ja pörrössä. Se on mel-kein aina tahmea ja pörrössä. Hän ei pese sitä hienoilla šampoilla vaan Marseille-saippualla joka säilyttää hiusten oman luonnollisen rasvan. Siksi hänen hiuksensa tuntuvat erilaisilta kuin kemiallisilla myrkyillä pestyt hiukset. Hän ei myöskään ole harmaantunut niin kuin hänen ikätoverinsa alkavat jo olla. Hänen hiuksensa vaikuttavat päinvastoin tummuvan edelleenkin. Ehkä sekin johtuu Marseille-saippuasta? Ei kai sentään? Aasla ei tiedä eikä välitäkään. Hän on jo aikoja sitten päättä-nyt ottaa elämän sellaisena kuin se tulee eteen. Hän harmaantuu var-masti aikanaan. Milloin se aika tulee vastaan, sen näkee sitten.

Aasla miettii hetken, trimmaisiko otsatukkaa. Hän leikkaa itse tuk-kansa, ja sen kyllä huomaa. Toisinaan hän ihmettelee itsekin, miten naisihminen voi olla niin epänaisellinen. Mutta se on rahakysymys. Tai ehkä se on sittenkin prioriteettikysymys. Jos hän käyttäisi vähemmän rahaa ruokaan, hän voisi käydä kampaajalla edes joskus. Mistään muusta kuin ruokamenoista hän ei voi säästää. Hän ei kuluta rahaa mihinkään muuhun, ei ainakaan mihinkään sellaiseen, mikä ei ole aivan tarpeellista. Nettiyhteys on tärkeä, kännykkä samoin, ja pankki-han vie joka kuukausi palvelumaksunsa. Vuokra on maksettava, oli rahaa tai ei. Hänellä ei ole televisiota, eikä hänelle tule muita lehtiä kuin mainoksia ja ilmaisjakeluja; niitäkään hän ei lue kuin äärimmäisen harvoin. Hänellä on radio, mutta se on huono eikä hän tee sillä juuri muuta kuin kuuntelee cd-levyjä. Tietokone nettiyhteyksineen on hänen henkireikänsä ja kurkistusaukkonsa maailmalle. Sen kautta hänellä on ystäviä, sen kautta hän pysyy ajan hermolla.

Mutta ei sekään ole hänen mielenrauhansa ainoa tae.

Aasla tietää, että nykymaailma on haavoittuvainen. Koska tahansa voi tapahtua jotain, joka kaataa kaiken. Äskeinen myrsky oli siitä hyvä esimerkki. Kuitenkin hän arvelee, ettei hänen elinaikanaan voi tapahtua mitään sellaista, mihin hän ei voisi suhtautua tyynesti.

Miten väärässä sitä voikin olla

– Muuten, sanoo Jernei Aaslalle, kun he keskustelevat taas kerran netissä, – näin sinut unessa tässä hiljakkoin.

– Niinkö? sanoo Aasla kiinnostuneena. – Kerro lisää. Oliko se painajainen?

– Ei varsinaisesti, mutta siinä oli jotenkin outo tunnelma. Hätäinen. Minun piti mennä kiireesti jonnekin tekemään jotakin tärkeää. Siellä oli vanhoja raunioita, siis todella vanhoja.

– Ja sinä näit minut siellä?

– Jep, ja pahassa paikassa.

Jernei kuvailee, miten Aasla oli köytetty kuilun yläpuolelle, miten hän putosi ja miten hän, Jernei, ehti tarrata lujasti kiinni Aaslaan, ja miten he putosivat yhdessä.

– Hurjaa! Mitä sitten tapahtui?

– Ei mitään. Heräsin, enkä edes muistanut unta, epämiellyttävän tunnelman vain. Se palasi mieleeni vasta nyt kun aloimme jutella.

Aasla on vaiti kauan aikaa. Sitten hän sanoo hitaasti: – Kuule, voi olla, että ratkaisit arvoituksen, joka on mietityttänyt minua viime aikoina.

– Niinkö? Millaisen arvoituksen?

Aasla kertoo kuinka oli ollut tukehtua kuoliaaksi ja kuinka joku oli pelastanut hänet viime hetkellä. – Joku tarttui minuun ja paiskasi lattiaan. Se olitkin sinä! Muuta selitystä ei ole!

– Minusta tuntui herättyäni siltä kuin jokin kevyt olento olisi juossut kasvojeni yli, Jernei sanoo epäröiden. – Mietin että... olikohan se Rovka?

– Varmaankin.

– Se tuntui niin todelliselta.

– Johtuu varmaan siitä, että se on todellinen. Siis siinä ulottuvuudessa, jossa se on.

– Eli minä olin sen kanssa samassa ulottuvuudessa?

– Kyllä, sen hetken olit samassa ulottuvuudessa sen kanssa.

– Tosi outoa!

– Niinpä. Sitähän nämä jutut enimmäkseen ovat.

11. Luku

jossa muuan peltotöitä tekevä perhe saa yllättävän vieraan, ja mitä ikävyyksiä siitä seuraa kaikille osapuolille.

– Minusta näyttää siltä, että tällä kasvukaudella saadaan erityisen hyvä sato maa-artisokasta, sanoo Ilani oikaistessaan selkäänsä. Hän on juuri nyppäissyt maasta kourallisen rikkaruohoja.

– Paljon mahdollista. Hänen tyttärensä Panga laskee hänkin kuokkansa ja ottaa vesipullon vyöstään. Juodessaan hän antaa katseensa vaeltaa pitkin peltoa. – En olisi uskonut että selviämme tällä kasvukaudella näin vähällä nävertäjistä.

Ilani naurahtaa. – Torjunta onnistuu hyvin tänä vuonna.

Hänkin ottaa vesipullonsa esiin ja juo. Nävertäjät ovat yleisnimitys kaikenlaisille tuholaisille, joita pellot vetävät puoleensa. Niin pitääkin. Terve kasvusto houkuttaa tietysti myös niitä eläimiä ja hyönteisiä, jotka käyttävät niitä ravintonaan. Ilani ei siedä myrkkyjä eikä mitään keinotekoista tuholaistorjuntaa. Kaikella on paikkansa maailmanjärjestyksessä, myös tuholaisilla. Hän haluaa mieluummin tarjota niille vaihtoehdon, joka olisi houkuttelevampi kuin hänen artisokkapeltonsa kahden metrin korkeudessa huojuvine kukkineen.

– Oli todella hyvä veto istuttaa reuna-alueille kimonaa, Panga myöntää.

Naiset kääntyvät katsomaan vaaleanpunaisena kuohuna kukkivaa pellonreunaa. Kimona oli kasvi, jota hyönteiset eivät voineet vastustaa. Siispä pellolla kasvavat vihannekset jäivät rauhaan, koska hyönteiset eivät kerta kaikkiaan voineet ylittää vastustamattoman houkuttelevia kimonapenkkejä.

Ilani naurahtaa. – Luonto on mahtava, se tarjoaa keinot kunhan sitä vain kuuntelee herkällä korvalla.

– Totta, Panga sanoo. Hän sujuttaa vesipullonsa takaisin vyöhönsä ja tarttuu kuokkaansa. – Tämä pelto on hyvässä mallissa, hän sanoo. – Rikkaruohoja ei ole juuri ollenkaan.

– Siitä saamme kiittää näitä pikku peijakkaita, Ilani sanoo ja osoittaa pientä otusta, joka tuijottaa hiukan kauempaa naisia pienillä, mustilla helmisilmillä. Se on varuillaan ja valmiina livahtamaan karkuun. Se on kirikko, jyrsijä, joka pitää enemmän rikkaruohoista kuin ihmisten kasveista. Ihmiset kun keksivät jalostaa vihanneksensa sellaisiksi, että ne eivät maistu hyvältä niitten suussa. Nuoret yksilöt tietysti kokeilevat maa-artisokanvarsiakin, mutta toteavat nopeasti, että niistä jäää suuhun karvas maku. Panga nojautuu hetkeksi kuokanvarteen ja katselee ympärilleen. Ilma on suloisen lämmin, aurinko paistaa melkein liiankin kuumasti, ja kukkiva artisokkapelto loistaa keltaisena ja vihreänä. Alempana joki, leveä Balalar, laskettaa rauhallista menoaan kohti merta. Vastarannan maatilat näkyvät pikkuruutuisena mosaiikkina leveän veden toisella puolella. Vesi on tinanharmaata, mutta aurinko kimmauttelee valonsäkeniään pienoisesta aallokosta. Panga kääntää katseensa ylemmäksi pitkin peltoa. Hänen isänsä, Amras, heiluttaa siellä tarmokkaasti kuokkaansa. Rannalta kuuluu lokkien kirkaisuja, mutta muuten linnut ovat jo vaienneet. Kesä on pitkällä, vaikka Saarilla ei oikeastaan ole selvästi erotettavia vuodenaikoja. Kasvukausia on kolme, joista kesään osuva on juuri menossa, jo pitkällä sekin. Syksyn katsotaan alkavan kesäsadon korjaamisen jälkeen.

Panga pyyhkäisee hikeä otsaltaan ja kumartuu pellon puoleen. Tuossa on litukkatupsu, joka pitää kuopaista pois. Hän kohottaa kuokkaansa juuri kun hirvittävä pamahdus repäisee pellon rauhan väkivaltaisesti rikki.

Se on niin kova ääni, että Panga pelkää korviensa puolesta.

– Se oli ukkonen, varmasti oli, hän ajattelee.

Hän näkee vanhempiensa säikähtyneet kasvot. Taivaalla ei näy pilveä, ei minkäänlaista, ja silti jyrähti. Ja joku putoaa ilman halki raajat veltosti heilahdellen, kuin räsynukella, jonka lapsi paiskaa kiukutellessaan menemään.

He tuijottavat kivettyneinä kuinka artisokkapeltoon tömähtää mies niin että ilmaan pöllähtää pilvenä multaa ja kasvinvarsia.

Toivuttuaan hetkellisestä lamaannuksestaan he kiiruhtavat pudonneen miehen luokse. Hän makaa silmät suljettuina, keltaisten kukkien puoliksi peittämänä, kasvot mullan tahrimina, kädet ja jalat omituisiin asentoihin retkahtaneina.

He katsovat toisiaan ja miestä ja taas toisiaan.

Sitten Ilani kumartuu tutkimaan miestä, kokeilee pulssia. – Hän on elossa, hän sanoo. Hän tunnustelee raajoja, lonkkaluita, rintakehää. – Nämäkin ovat kunnossa. Tietysti hänellä voi olla sisäisiä vammoja. Mistä kummasta...?

Niin. Mistä kummasta mies ilmestyi? Putosiko hän lentokoneesta? He eivät olleet kuulleet lentokoneen ääntä, vain sen jyrähdyksen. Mies avaa silmänsä. Katse harhailee ja osuu sitten Ilaniin. Miehen silmät ovat himmeät ja ilme tuskainen. Hän aukoo suutaan, sanoo jotakin, mutta he eivät ymmärrä hänen mutinaansa, tuskin kuulevatkaan sitä, sillä heidän korvansa ovat yhä lukossa.

– Hän ei ole saarelainen, sanoo Amras varmasti.

– Niin, ei olekaan, myöntää Ilani, – mutta ei hän ole... hän ei ole... *täältä.*

He katsovat uudestaan toisiaan. Sitten Ilani sanoo: – Meidän pitää viedä hänet pois pellolta, jonnekin suojaan. Vaikka tornitaloon. Se ei ole kaukana.

Amras nyökkää. – Käyn hakemassa paarit, hän sanoo ja on jo menossa, puolijuoksua, vaikka on ikämies. Hän menee alas rantaan, siellä on pelastusvälineitä, myös kevyet paarit. Hän tuo ne ja he keplottelevat yhteisvoimin miehen varovaisesti niille. Sitten he kantavat taas tajunsa menettäneen miehen peltojen poikki ylös loivaa rinnettä. Polku sukeltaa siellä tiheään metsään ja vie heidät pyöreän tornin luokse. Se on aivan pieni talo, kivinen, ties mitä tarkoitusta varten kauan sitten rakennettu. Sitä käytetään vierasmajana suurempien sukujuhlien aikana, ja Ilani vetäytyy sinne usein mietiskelemään.

He kantavat miehen sisälle, suojaan paahtavalta auringolta, ja asettavat hänet yksinkertaiselle laverille, joka toimittaa vuoteen virkaa. Panga laskee vettä lavuaariin, ottaa koukusta pyyhkeen, kostuttaa sen ja alkaa varovasti puhdistaa miehen kasvoja.

Mies palaa taas tajuihinsa ja kavahtaa tuskaisesti irvistellen taaksepäin. – Missä minä olen? hän sanoo. – Keitä te olette?

Hän näkee edessään punatukkaisen nuoren naisen, jolla on kädessään kostea pyyhe. – Mitä helvettiä sinä luulet tekeväsi?

Titenkään he eivät ymmärrä hänen puhettaan. He vilkaisevat toisiaan. Ilani astuu lähemmäksi ja laskee kätensä miehen otsalle. Hän puhuu sanoja, joita mies ei ymmärrä, mutta niiden sävy rauhoittaa häntä. Hän nojautuu taaksepäin tyynyä vasten – siinä tosiaan on tyyny, hänen päänsä alla. Hän makaa jonkinlaisessa vuoteessa. Hänen jokaista lihastaan ja luutaan särkee, viiltelee, kolottaa – eikä tajua mistään mitään. Hänellä ei ole mitään muistikuvaa mistään, ei juuri nyt. Hän ei ymmärrä, mitä on tapahtunut, hän ei tajua, missä hän on. Keitä ovat nämä naiset? Heitä on kaksi, ja miehiä on yksi. Mies ja toinen naisista näyttävät vanhemmilta, toinen naisista on nuori ja kaunis, sirorakenteinen, ja hänellä on leveälierisen hellehatun alta punaruskeina aaltoina hartioille laskeutuvat hiukset. Vanhan naisen tukka on valkoinen, mutta hänkin on kaunis.

Keitä ovat nämä kauniit ihmiset?

Hän antaa puhdistaa kasvonsa ja kätensä. Hän antaa vanhan naisen tutkia itseänsä tarkemmin. Hän kuuntelee heidän vaimeaa keskusteluaan silmät ummessa, jaksamatta avata niitä. Nuorempi naisista on poistunut ja tulee nyt takaisin käsissään kannu ja muki. Hän kaataa juomaa kannusta mukiin ja vanhin naisista työntää käsivartensa miehen hartioitten alle kohottaen hänet ylemmäksi ja asettaa mukin hänen huulilleen. Hän juo makeaa, viileää nestettä, joka huuhtoo mullan hänen suustaan. Hän vaipuu taas horrokseen eikä näe, kuinka toiset lähtevät pois jättäen hänet makaamaan hämärään kivitorniin.

Mentyään ulos ovesta Ilani lukitsee sen ja sujauttaa avaimen sitten taskuunsa. He astelevat vaitonaisina talolle, peräkanaa kapealla polulla.

Panga kysyy: – Mitä me teemme nyt, äiti?

Ilani sanoo: – Kutsumme Sinan.

Hänen äänensä on melkein tyly.

Panga vetäisee henkeä, kuin säikähdyksestä. Amras, joka kävelee etummaisena, murahtaa olkansa yli: – Taidan ottaa pojat mukaan ja mennä kokeilemaan, saisimmeko napattua purjekalan tai pari.

– Hyvä ajatus, Ilani sanoo. – Voitte samalla viedä tytöt Mrinalle, he jumaloivat Jorenia. Soitan Sinalle heti.

Hän kaivaa taskustaan kännykän ja naputtaa numeron. – Sina, kuuntele tarkasti, hän sanoo vaihdettuaan tavanmukaiset tervehdykset. Hän vaihtaa vanhaan kieleen ja puhuu harkitun hitaasti. – Kuumennamme ruukun tänä iltana. Amras vie miesväen kalastamaan. Pyydä Krentiä jättämään ohimenessään Ilka ja Immi Mrinalle. Ei, en voi nyt kertoa, mitä on tapahtunut. Sanomattakin lienee selvää, että et saa kertoa tästä mitään kenellekään. Varsinkaan et Krentille. Amras soittaa hänelle ja selostaa tilanteen itse. Sinä tiedät, mitä pitää tehdä. Pane toimeksi.

Ilani napauttaa kännykän kiinni ja antaa sen luiskahtaa takaisin taskuunsa. Hänen koko olemuksensa tuntuu äkkiä jotenkin vanhentuneen, ajattelee takana tuleva Panga. Eikä ihme. Hän itsekin tuntee äkkiä vanhentuneensa.

He ovat ryhtymäisillään johonkin sellaiseen, mikä pelottaa heitä.

Lapset ja miehet ovat poissa. Ilani tyttärineen valmistautuu tekemään jotain, jota heidän ei ole tarvinnut tehdä koskaan ennen. Edes Ilani ei muista, milloin yhtään kenenkään on pitänyt tehdä se. Silti hän tietää, he kaikki tietävät, mitä heidän pitää tehdä. Se on opetettu heille jokaiselle aivan pienenä, eikä sitä ole tarvinnut oikeastaan edes opettaa, tieto on heillä veressä. Heitä piti vain muistuttaa siitä, herättää se tuoreeksi heidän muistissaan. Nyt heidän pitää katsoa, onko heidän tietonsa oikea, onko totta se, minkä he tietävät sisällään, mitä he kantavat geeneissään.

He eivät puhu paljoa valmistautuessaan. On kuin he olisivat tehneet kaiken niin monta kertaa aikaisemmin, että osaisivat tehdä sen kaiken vaikka yön pimeydessä. He tietävät että aikaa ei ole hukattavaksi, heidän outo vieraansa kuolee, jos he viivyttelevät yhtään turhaa hetkeä. Hän saattaa kuolla siltikin, mutta he eivät ajattele sitä nyt. He vetäytyvät kukin omaan mieleensä, siihen syvään hiljaisuuteen, joka asuu ihmissydämen salaisimmassa sopukassa. Jos joku näkisi heidät nyt, hän näkisi kolme naista kävelemässä vaiteliaina peräkanaa talosta pihalle. Ensimmäisenä kulkee vanha, valkotukkainen nainen, Ilani. Hän kantaa käsissään pyöreämahaista ruukkua. Siinä on vettä, ihan tavallista vettä, jonka hän on laskenut hanasta keittiössään. Hänen takanaan tulevat molemmat tyttäret. Pangalla on käsissään rautatangoista hitsattu kolmijalkainen teline, jonka keskellä on ketju ja koukku. Sina kantaa halkosylystä. He astelevat suuren pihapuun alle. Sen oksat muodostavat katoksen heidän yläpuolelleen. Se on valtavan korkea puu, ja sen oksat yltävät laajalle. Sen alla on puutarhapöytä ja muutama tuoli. Naiset eivät välitä niistä vaan menevät lähelle puun runkoa. Siinä on sammaloitunut kivilaatta, jonka viereen Sina laskee puut sylistään. Hän latoo kivelle muutaman halon ristikkäin, työntää niitten alle tuohenkäppyrän ja iskee tulen tuluksilla. Hänellä on taskussaan kultainen, filigraanein somistettu sytytinkin, mutta se ei kelpaa nyt. Nyt tulen pitää tulla kivestä ja raudasta.

Kun tuli on syttynyt ja palaa hyvin, Panga asettelee kolmijalan sen päälle, ja Ilani ripustaa ruukun riippumaan koukusta. Ruukussa on metallista punottu sanka, josta se on hyvä ripustaa tulelle.

Kun ruukku on tulen yllä ja pienet liekit nuoleskelevat sen maalattuja kylkiä, Ilani ottaa taskustaan pienen pussukan, avaa sen ja työntää kätensä sisään. Kun käsi palaa pussista, hyppysissä on punertavaa jauhetta. Hän ripottaa sen veteen. Vesi samenee ja siitä alkaa nousta höyryä ohuina kiehkuroina, jotka jäävät kiemurtelemaan laiskasti ruukun yläpuolelle.

Naiset asettuvat seisomaan pienen nuotion ja ruukun ympärille. He tarttuvat toisiaan käsistä muodostaen piirin. He vaipuvat vieläkin syvemmälle sisimpäänsä ja vetävät sieltä esiin salaisuuden, jonka vain heidän sukulinjansa naiset tietävät. He tuntevat voiman karsivan selkäpiitään nostattaen karvat pystyyn heidän niskassaan ja käsivarsissaan. Ilta hämärtyy jo ja kuu nousee puitten takaa, mutta naiset eivät piittaa siitä. He muodostavat vanhan kielen sanoin kuviota, jota kukaan heistä ei ole koskaan nähnyt, mutta jonka he silti tuntevat täydellisen hyvin. Kuvio muodostuu heidän yläpuolelleen ohuin, sinertävin juomuin. Ketään vain ei ole sitä näkemässä; naisetkin ovat sulkeneet silmänsä ja näkevät sen vain sielunsa silmin. He tuntevat voiman kiertävän yhteenliitettyjen käsiensä kautta toisesta toiseen.

He vaikenevat kun viimeinenkin sana on asetettu paikalleen ja kuvio on valmis. Se hajoaa samantien, haihtuu pois kuin ei sitä olisi koskaan ollutkaan. Höyrykiehkurat tanssivat ruukun yllä, ja sitten Ilani avaa silmänsä. Hänen kätensä kouraisevat lujemmin kiinni tyttärien käsistä. Hekin avaavat silmänsä ja katsovat äitiään, mutta hänen katseensa on suuntautunut pihan reunalle päin. Hänen silmissään on hetken ajan säikähtynyt ilme, mutta se katoaa heti.

He ovat onnistuneet.

12. Luku

jossa Aasla menee katsomaan kuuta, löytää itsensä mahdottomasta tilanteesta ja tapaa naisen, jolla on merkillinen kyky.

Kuu on matalalla metsänrajan takana, nousemassa täytenä, punertavana, jotenkin harsoisena. Aasla astuu parvekkeelle katsomaan sitä. Sen taustana himertää kesäillan hento sireeninhohde. Tuollaisena ei Aasla muista nähneensä kuuta koskaan ennen. Jospa en vain muista, ajattelee hän. Jospa olen vain unohtanut? Olen sentään nähnyt niin monta täysikuuta elämäni aikana, että joku on voinut unohtuakin. Mutta Aasla ei ole varma. Kuu näyttää oudolla muutenkin kuin värinsä puolesta. Sen pintakuvio ei ole oikea. Meret ja vuoristot ovat väärissä paikoissa. Vai onko se vain oudon värin vaikutusta, värin, joka vääristää pinnanmuodostuksen kun sitä katsoo niin kaukaa kuin kuu on maasta? Tämä ei olekaan maa, Aasla tajuaa huikaisevan ymmärryksen hetkellä. Tämä ei ole maapallo, vaan minä olen Saarilla. Vai olenko? Minähän seison oman kotini parvekkeella katsomassa kuuta. On ilta, ja on kesä, ja olen menossa nukkumaan. Vai olenko?

Aasla irrottaa katseensa oudosta kuusta ja katsoo ympärilleen. Hän laskee kätensä parvekkeen kaiteen simpukoille ja kumartuu eteenpäin nähdäkseen kauemmaksi. Simpukoille?

Hän vetäisee kätensä pois ja katsoo parvekkeen kaidetta. Sen pitäisi olla sileää, valkoiseksi maalattua betonia, mutta se ei ole. Valkoinen se kyllä on mutta ei sileä. Reunus on peitetty kivisillä simpukoilla. Ne on aseteltu huolettomasti mutta hyvällä aistilla muodostamaan rytmikkään kuvion. Itse parvekekaan ei ole se suoranurkkainen betonikaukalo, johon hän on tottunut, vaan se kaartuu puolipallona ja on paljon pienempi kuin hänen omansa. Ja ilmakin tuntuu yhtäkkiä erilaiselta; lämmin tuulenhenki sipaisee Aaslan kasvoja tuoksuen hiukan makealle, kuin ylikypsille hedelmille.

Aasla peräntyy hiukan parvekkeen kaiteen luota. Hänen sydämensä jyskii raskaasti ja hänen pitää vetää syvään henkeään rauhoittuakseen.

Hyvä on, hän ajattelee. Olen siis Saarilla. Ainakin luulen niin. Astuin parvekkeelleni ja katsoin kuuta ja jouduin tänne. Siinä olikin repeämä ajassa ja paikassa, siinä minun parvekkeellani. Aika hurjaa! Mutta hyvä on. Tämä ei ole kauheaa. Tämä ei ole pelottavaa. Minä olen kokenut tällaista ennenkin. Vai olenko? Olen. Ainakin unessa. Olenkohan nyt hereillä vai unessa? Mistä tiedän, olenko hereillä vai nukunko vain?

Aasla nipistää itseään käsivarresta. Auts!

Taidan olla hereillä, sittenkin, ajattelee hän. Mutta liekö sillä väliä? Tämä on ihmeellistä vaikka olisin unessakin. Olen paikassa, jota ei ole olemassa kuin netissä bitteinä, ja tietysti minun päässäni. En tiedä, miten olen tullut tänne tai mitä varten, mutta jos tämä ei ole seikkailu, sitten ei mikään ole.

Aasla palaa kaiteen ääreen ja kumartuu katsomaan simpukoitten yli. Parveke kurottuu tyhjyyden päälle. Se on kauniin, pienen talon kyljessä, joka vuorostaan on kukkulan kyljessä avaran laakson reunalla. Aasla näkee tiheän vehreän kasvillisuuden peittämän laakson, jonka pohjalla polveilee leveä joki. Siellä täällä jyrkillä rinteillä näkyy taloja. Ihmisiä ei näy, mutta joella kulkee pitkä letka matalia, leveitä aluksia. Vösialaisia jäteproomuja, juolahtaa Aaslan mieleen. Aivan niin, Saarten jäteongelmahan ratkaistiin näin. Proomut vievät jätteet Kastmaan, josta ne rahdataan eteenpäin Vösiaan, missä vösialaiset tekevät niistä ties mitä. Se asia on selvä, mutta selvää ei ole se, miksi minä olen täällä. Eipä silti että se haittaisi minua. Täällä on jännittävää olla!

Tämä ajatus liittyy seuraavaan, jonka pontimena on uteliaisuus. Aasla astuu hiukan epäröiden mutta pohjattoman uteliaana parvekkeenovesta sisälle taloon. Hän huomaa tulleensa huoneeseen, jossa on viileä kivilattia ja raidallisella kankaalla peitetty matala, leveä divaani parveketta vastapäisen seinän vieressä. Raidoissa toistuu punainen, harmaa ja vihreä. Divaanin edessä on matala, soikea pöytä, jonka tummapuiseen pintaan on upotettu vaaleampaa puuta pyörteileviksi spiraaleiksi. Muuten huone on tyhjä ja siellä vallitsee asumattomuuden tuntu. Lattian kivilaatoilla on ohkainen pölykerros, johon Aaslan paljaat jalat jättävät jälkiä.

Täällä on niin hirveän tyhjää, ajattelee Aasla. Missä kaikki ovat? *Miksi minä olen täällä?*

Aasla istahtaa divaanin reunalle ja hypistelee ajatuksissaan sitä peittävää kangasta. Se tuntuu sileältä ja liukkaalta. Hän kerää hetken rohkeuttaan ja nousee taas jaloilleen. Hän pyörähtää hitaasti ympäri luoden etsivän katseen joka suuntaan. Silmät kohtaavat kaarevan oviaukon. Hän ei enää epäröi vaan astuu siitä toiseen huoneeseen, samanlaiseen kuin edellinenkin raidallisen peitteen verhoamine divaaneineen ja intarsiakoristeltuine pöytineen. Mutta siitä johtaa oviaukko ulos patiolle, jota ympäröi pieni puutarha. Patiolla on rottinkinen oleskeluryhmä mukavine tuoleineen ja lasikantisine pöytineen. Puutarha näyttää hieman – vain hieman – laiminlyödyltä. Ruoho on venähtänyt hiukan liian pitkäksi näyttääkseen hyvältä, ja kukkapenkeissä kasvaa muutakin kuin kukkia. Pari valtavaa puuta suojaa laajalle yltävällä lehtikatoksella puutarhaa ja patiota liialliselta paahteelta. Mutta nyt on ilta, joten auringosta ei ole haittaa.

Kaikessa on outo hylätyn tunne, mutta kauempaa kuuluu vaimeita ääniä. Ihmisääniä, mutta puutarhan lehtevyys vaimentaa äänet; ne kuuluvat kuin unessa. Aasla lähtee kulkemaan sinnepäin. Kuu on

71

noussut korkeammalle ja kiinteytynyt pitsimäisyydestään; ilma on kuulasta kuin lasi, lämmintä ja tuoksuvaa, silti raikasta. Aaslan paljaat jalat löytävät polun, jonka harmaitten kivilaattojen väleissä kasvava ruoho kutittaa hänen jalkapohjiaan. Edessä polku kiertää tuuhean, suuria, punaisia kukkia pursuavan pensaan, ja sen kierrettyään Aasla näkee ihmisiä. Kolme naista seisoo ringissä pienellä aukiolla, samettimaisella nurmikolla, suuren puun alla. He pitävät kiinni toistensa käsistä. Heidän keskellään on pienoinen nuotio, jonka päällä riippuu komijalan varassa värikkäin kuvioin koristettu ruukku. Liekit nuolevat ruukun pohjaa, ja siitä kohoaa harmaa höyrykiehkura. Aukion toisella reunalla on matala talo, joka on melkein kokonaan köynnösten peitossa.

Aasla jää seisomaan punakukkaisen pensaan katveeseen ja katselee naisia. Kaikki kolme ovat pitkiä ja solakoita. Kaikilla on yllään kevyestä kankaasta tehty kauniisti laskeutuva mekko. Pisimmän naisen tukka on valkoinen, kahden muun tumman punaruskea. Valkotukkaisen kasvot ovat Aaslaan päin; hän näkee, että naisen silmät ovat kiinni. Sitten nainen avaa silmänsä ja huomaa Aaslan. Hän näyttää hetken – aivan pienen hetken – säikähtyneeltä. Hän päästää toisten naisten kädet ja tulee Aaslan luo ojentaen kättään häntä kohti hiukan epävarmasti, ja kun Aasla tarttuu siihen, hän näyttää huojentuneelta. Hän vie Aaslan kädestä pitäen toisten naisten luokse. Aasla on hiukan hämillään. Hän tuntee itsensä kömpelöksi, kankeaksi ja rumasti pukeutuneeksi.

– Hyvää iltaa, valkotukkainen nainen sanoo, – olet tervetullut.

– Hyvää iltaa, vastaa Aasla. Hänen suussaan Saarten puhekieli tuntuu aluksi oudolta ja hankalalta, mutta hän löytää pian oikean rytmin. Minähän olen luonut tämän kielen itse, vilahtaa ajatus hänen päässään. Miksen tehnyt siitä kauniimpaa?

Mutta ajatus menee yhtä nopeasti kuin tulikin.

– Tuolla on talo, jonka parvekkeen kaiteessa on simpukoita… Hän viittaa epämääräisesti punakukkaisen pensaan suuntaan.

Valkotukkainen katselee häntä pää hiukan kallellaan. Kirkas katse tuntuu lävistävän hänet ja näkevän hänen ajatuksiinsa asti.

– Se on tyttäreni Sinan puolisotalo, hän sanoo. Hän osoittaa toista nuoremmista naisista. – Hän on tyttäristäni nuorempi. Vanhempi on nimeltään Panga. Minä olen Ilani.

– Olin kotona ja menin parvekkeelleni ja löysin itseni sinun parvekkeeltasi, Aasla sanoo Sinalle.

Naiset katsovat vakavina toisiinsa. Aaslan mieleen nousee kuva perheestä, kahdesta samankokoisesta pikkutytöstä ja kahdesta miehestä. Sitten Sina sanoo: – Talo on nyt tyhjä, merenmieheni on poissa. Aasla nyökkää. – En tiedä miksi olen täällä, hän sanoo.

– Olet täällä koska me kutsuimme sinut, sanoo valkotukkainen, Ilani.

Mitä?

– En tiedä miksi olen täällä, Aasla sanoo uudestaan.

– Tavallisesti tulen vain kun tahdon, mutta nyt...

– Me tarvitsemme sinun apuasi, sanoo Ilani varmasti.

– Sinäkö kutsuit minut? *Miten?*

Ilani vaihtaa katseen tyttäriensä kanssa. – Me pyysimme apua.

– Minun apuani?

– Sukuni naisilla on taito kutsua Luojaa, jos on hätä, josta emme selviä omin avuin.

– Se on ikivanha taito, sanoo toinen tyttäristä, vanhempi, Panga.

– Papittaria?

Naiset vaihtavat taas katseen. Sitten Ilani sanoo epäröiden: – Ei se ole sitä. Se on perinnöllistä. Geeneissä. Tai ehkä selitystä ei ole.

Aasla nyökkää.

Muuta selitystä ei ole.Teille.

– Mennään sisälle niin saamme tämän tehtyä, Ilani sanoo melkein töykeästi.

He menevät avaran kuistin läpi matalakattoiseen huoneeseen, jossa on suuria viherkasveja ruukuissa, mukavia nojatuoleja ja matala pöytä. Ilani kehottaa toisia istuutumaan ja poistuu itse hetkeksi toiseen huoneeseen.

Aasla katselee ympärilleen melkein luolamaisessa huoneessa. Valkoiset seinät muodostavat rauhallisen taustan viherkasveille ja nojatuolit ovat käytössä kuluneen näköistä ruskeaa nahkaa. Ovesta katsoen oikealla on melkein seinän kokoinen ikkuna, josta avautuu näköala samaan jokilaaksoon, jota Aasla katseli simpukkakaiteiselta parvekkeelta. Hänellä on kummallinen olo, hiukan unenomainen mutta valpas. Hän kääntelee päätään ja koettaa nähdä kaiken mitä nähtävissä on. Paljoa sitä ei ole. Nojatuolit, pöytä, kasvit ruukuissaan, ikkunasta avautuva näköala. Avoimesta kuistinovesta käy miellyttävä tuulenhenki.

Ilani palaa huoneeseen kuulumattomin askelin. Hänen kädessään on iso, vanhanaikainen avain, jonka hän ojentaa Aaslalle. – No niin, hän sanoo, – kaikki on valmista. Tyttäreni vievät sinut paikkaan, johon sinun pitää mennä. Sieltä löydät syyn tuloosi. Hän näyttää vakavalta. – Emme keksineet mitään muuta keinoa tässä tilanteessa, hän sanoo melkein anteeksipyytävään sävyyn. – Toivottavasti ymmärrät ja annat meille anteeksi sen, että häiritsimme sinua.

Aasla saattaa vain hymyillä hämillisesti ja mutista jotain, mitä, sitä hän ei muista jälkeenpäin.

Sina ja Panga lähtevät ulos kuistin kautta ja Aasla seuraa tuntien itsensä kömpelöksi ja isojalkaiseksi kävellessään heidän perässään. He kiertävät talon laaksonpuoleisen nurkan ja astuvat polulle. Kuu on noussut korkealle; sen punertava valo saa varjot syventymään melkein uhkaaviksi. Jokin lintu laulaa toistellen itsepintaisesti yksinkertaista säveltä. Toinen, samanlainen laulu kuuluu kauempaa, kolmas vielä sitäkin kauempaa, ja Aasla tajuaa, että lintujen laulu merkitsee polun juoksun kuin tarkoituksella.

Kauas he eivät mene. Polku kulkee alaspäin kohti jokilaaksoa, mutta jo kauan ennen rantaa he saapuvat ryhmyisistä, harmaista kivistä muuratun pyöreän rakennuksen luo. Se ei ole korkea eikä leveäkään, tuskin kolmea metriä halkaisijaltaan. Sina kehoittaa Aaslaa avaamaan avaimellaan sen paksulankkuisen oven ja menemään sisään. Kun Aasla epäröi, hän hymyilee ujosti. – Siellä ei ole mitään sinulle vaarallista. Ilani uskoo niin. Sina vilkaisee sisartaan, joka nyökkää.

– Sinulla ei ole täällä mitään vaaraa. Ja jos sinun tarvitsee tulla takaisin meidän luoksemme, seuraa vain polkua.

– Hyvä on, Aasla suostuu. Naiset kääntyvät ja katoavat polulle, ja Aasla astuu matalasta oviaukosta sisään.

13. Luku

jossa tavataan huono-onninen lentäjä paikassa jota ei ole. Aasla joutuu miettimään kykyjensä rajoja, ja varsinkin jumaluuttaan.

Tornissa on pimeää. Katonrajassa on rivi pyöreitä aukkoja, joista kuunvalo pääse sisään, mutta se ei riitä valaisemaan pientä huonetta. Huoneessa on matala lavitsa ja sen vieressä hutera jakkara. Jakkaralla on lasikannu puolillaan jotain nestettä, juomamuki ja kituliaasti valaiseva kynttilä. Vuoteessa, kirjavan huovan alla makaa mies. Aasla näkee tummaa tukkaa ja kuumeenkiiltoiset silmät. Suurin osa laihoista, pitkänomaisista kasvoista peittyy kankeana rehottavaan parransänkeen.

– No lopultakin, sanoo nariseva ääni. – Minä jo luulin, että minut on jätetty mätänemään tähän karmeaan torniin. Toitko mitään kunnollista syötävää? Tuo litku ei täytä mahaa.

Aasla ällistyy sanattomaksi. Mies puhuu venäjää!

Tovin Aasla vain aukoo suutaan ennen kuin saa ääntä tulemaan. – Kuka sinä olet? Ja miten olet päässyt tänne?

Hän puhuu englantia, koska hänen venäjänsä tuntuu kokonaan unohtuneen tässä tilanteessa.

– Sergei Akulko on nimeni, tuntematon sanoo, hänkin englanniksi, – enkä tiedä missä olen, enkä sitä, miten tänne tulin. Lensin ukkospilveen ja kaikki pimeni ja putosin ja sitten minut kannettiin tänne.

– Lensit? Putosit? Aasla toisti.

– Aivan niin. Lensin. Putosin. Olen hengissä. En tiedä miten muille kävi.

– Entä pudonnut lentokone?

– Ei ainakaan täällä.

– En ymmärrä, Aasla sanoo. – Minä vain en ymmärrä. Sinun ei pitäisi olla tässä paikassa. Se on mahdotonta. Täysin mahdotonta.

– No mikä paikka tämä sitten on?

Aaslaa naurattaa, vaikka hän ei tarkalleen tiedä, miksi. Tilanne vain on niin absurdi.

– Katsos kun, hän aloittaa ja vaikenee taas. – Siis kun tätä paikkaa ei ole olemassakaan.

– Jopas jotakin, sanoo Akulko. – Minä kyllä olen olemassa. Vähän kolhittu ja kuumeinen kyllä ja maha kuralla, mutta en ihan heti usko itseäni olemattomaksi. Siis jos yrität vihjaista että tässä on päästy hengestä ja jouduttu paratiisiin, vai onko tämä helvetin esikartano? Oletko sinä joku henki? Enkeli tai paholainen? Mummo niistä varoitteli kun olin lapsi. Menivät kyllä enimmäkseen ohi korvieni, ne varoitukset.

– Sitä on vähän vaikea selittää, Aasla sanoo, edelleen epäröiden. – Henki en ole, enkä varmastikaan enkeli. Itse asiassa luulen, että jos joku tässä on henki, niin sinä. En saata ymmärtää, miten olet joutunut tänne. Tätä paikkaa ei ihan totta ole olemassakaan muualla kuin netissä.

– Netissä?

– Internetissä, niin. Jollain amerikkalaisella serverillä, luullakseni. Niin ja tietysti minun päässäni.

Akulko katsoo häntä synkästi. Hänen silmänsä ovat lähellä toisiaan, ja hänen nenäänsä voi tosiaan luonnehtia pitkäksi. Aasla ei muista nähneensä ikinä epäluuloisempaa katsetta.

– Oletko ihan täysissä järjissäsi? Akulko kysyy. – Vai olenko minä sittenkin sekonut? Mitähän minulle on juotettu? Mehuna minä sitä olen pitänyt, mutta hiukan rupeaa epäilyttämään. Vai onko tämä jotain kuumehouretta? Nimittäin sinusta en tiedä, mutta minä kyllä ainakin uskon olevani järjissäni.

– Kerropa tarkemmin siitä onnettomuudestasi, Aasla kehoittaa. – Olit siis lentokoneessa?

– Kyllä, lensin sitä. Olen lentokapteeni. Rahtilento Sharjahiin.

– Sharjahiin?

Akulko ei vastaa, mulkaisee vain Aaslaa.

Nyt on niin, että Aasla on aina rakastanut lentokoneita. Hänen mieleensä nousee hämärä kuva suuresta koneesta Sharjahin kentällä. Hänen ei tarvitse hakea nimeä, se nousee heti mieleen: Iljušin, Naton koodinimeltä Candid.

– Älä vain sano että lennät Iljušinia, hän sanoo hitaasti.

Akulko ei sanokaan mitään.

– Että olet niitä... niitä...

Akulko ei edelleenkään sano mitään.

– Mitä tämä on? Aasla puuskahtaa sitten. – Onko minun salaiseen maailmaani tupsahtanut kuolemankauppias? Se on liian paksua. En suostu uskomaan sitä. Se on mahdotonta!

Akulko sulkee silmänsä. Hän näyttää sairaalta. Hän on sairas.

Aasla tapautuu tunnolleen. – Anteeksi, hän sanoo, hiukan häpeissään. – Olet kuumeessa ja minä vain karjun sinulle kun en tiedä mitä muutakaan voisin tehdä. Siis minulla on niskoillani sairas mies paikassa, jota ei ole olemassakaan. Sikäli kuin minä tiedän, me olemme minun pääni sisässä.

– Tai amerikkalaisella serverillä, mutisee Akulko. – Enpä tiedä, kumpi on pahempi.

– Pahinta on se, että en tiedä mitä voisin tehdä tässä tilanteessa, Aasla sanoo. – Jotain tässä pitäisi tehdä, se on selvää. Sinun pitää päästä lääkärin hoitoon. Meidän molempien pitää päästä pois täältä. Kun vain tietäisin, miten sinä pääsit tulemaan tänne. Kerro, miten kaikki tapahtui. Ehkä keksimme jotain sen pohjalta. Sinä siis lensit valtavan suurta rahtikonetta, joka oli lastattu epäilemättä jotain ihan luvallista niin täyteen että saumat rutisivat?

– Huopia ja telttoja, mutisee Akulko silmät kiinni.

– En edes aio mainita tässä yhteydessä, sanailee Aasla hitaasti, – arvelujani salaisen ruuman lastista. Siis lensit Sharjahiin. Mistä?

– Schipholista.

– Suoraan? Ei pikapiipahdusta tutkan näkemättömissä?

Hiljaisuus.

– Justiinsa, puuskahtaa Aasla.

– Ukkosmyrsky Alppien yllä, Akulko mutisee silmät edelleen kiinni. – Paljon mustaa pilveä. Salamoi. Räiski.

– Todennäköisesti ohjuksia, Aasla tiuskaisee. – Hyvä on. En halua tietää. Koneeseesi siis osui – jokin.

– Salama.

– Koneeseesi osui, Aasla jatkaa armottomasti. – Se putosi. Toivottavasti ketään ei jäänyt alle.

Aaslaa kauhistuttaa ajatus jättiläismäisestä lentokoneesta putoamassa johonkin kaupunkiin tai kylään.

Se tekee rumaa jälkeä.

Akulko sulkee silmänsä.

– En voi tietää, hän sanoo hiljaa. – Miehistöni, lasti, kaikki… Ja minä itse… En tiedä mitään muuta kuin sen, että olen tässä ja että ottaa päähän niin saakelisti.

Hän avaa rakoselleen verestävät, kuumeesta kiiltävät silmät. Katse harhailee ja osuu lopulta Aaslaan. – Ei tämä mikään paratiisi ainakaan ole, hän mutisee suupielestään. – Tuommoinen… Ne punapäät olivat edes jonkin näköisiä.

Aasla pörhistäytyy mutta laskee heti höyhenensä. Hän ymmärtää hyvin tätä outoon tilanteeseen joutunutta miestä. Ja hän tietää, ettei vedä vertoja saarelaisille missään suhteessa.

Paitsi sikäli että on itse luonut heidät.

– Minä satun olemaan tämän maan jumala, jos niin haluaa sanoa, hän sanoo tasaisesti. – Kas kun minä olen luonut tämän.

– Ei tainnut mennä ihan nappiin, Akulko huomauttaa väsyneesti.
– Ei niin, Aasla myöntää. – Ei ole ensimmäinen kerta kun suunnitelmani karahtavat kiville. Kaikkea ei tule aina ajatelleeksi. Normaali ihminen ei edes tiedä teikäläisten lentokoneista. Eikä sattumalle voi mitään. Ja täkäläiset lentokoneet ovat superluokkaa sinun romuusi verrattuna.
– Niin varmaan. Akulkon huulet ovat kuivat ja halkeilleet. Hän ei ole mitenkään hyvän näköinen. Ei voikaan olla, sairas kun on ja epäilemättä hyvin huolissaan. – Luoja, siis Jumala, niinkö? hän sanoo. – Toivottavasti olet tarpeeksi kaikkivaltias toimittaaksesi minut pois täältä.
– Siinäpä heikko kohta onkin. Minulla ei ole aavistustakaan miten voin sen tehdä kun en tiedä sitäkään, miten itse tulin tänne.
Akulko huokaisee.
– Tavallisesti minä keskityn ja luon mielikuvan paikasta, johon haluan päästä, Aasla selittää, – mutta tällä kertaa minä vain menin parvekkeelleni katsomaan kuuta ja hupsista, olin täällä.
– Ja minä vain lensin pilveen, mutisee Akulko, – ja hupsista, taju meni, ja kun heräsin makasin pusikossa ja... Siinä oli kaikenlaista häslinkiä ja sitten minut raahattiin tänne.
– Ei minulta mennyt taju, Aasla muistaa. – Yhtäkkiä vain huomasin että olin jossain muualla. Täällä. Ja ne naiset... Minä ymmärrän nyt, että he kutsuivat minut jollain tempulla tänne sinun takiasi. Hakemaan sinut pois. Kun vain tietäisin, miten.
– No, miten sinä tavallisesti teet sen? Poistut täältä?
– Minä vain päätän palata takaisin omaan aikaani ja paikkaani. Samalla tavalla kuin päätän tullakin. Tämähän on vain minun päässäni.
– Ja amerikkalaisella serverillä, Akulko tokaisee. – Ellen sitten ole ymmärtänyt jotain väärin.
– Olet ymmärtänyt sen ihan oikein, Aasla mutisee.
– Kuvittele sitten meidät pois täältä ja hyvin äkkiä, jos kerran pystyt siihen!
– Itseni minä kyllä pystyn kuvittelemaan pois täältä, Aasla sanoo hitaasti, – mutta en ole niinkään varma sinusta. Tietenkin voin koettaa kuvitella että sinua ei olekaan täällä, mutta paljonko se auttaisi? Missä sinä asut? Onko sinulla perhe?
– Vitebskissä. Vaimo on. Oli ainakin kun lähdin lennolle.
– Sairaalaan sinun pitäisi päästä.

– Haluan kotiin. Vaimo on sairaanhoitaja. Pärjään kyllä.

– Mutta kun en minä tiedä...

– Lakkaa vikisemästä, Akulko sanoo tylysti. – Tämä on sinun syytäsi. Kukaan muu ei voi tehdä senkään vertaa.

Aaslan täytyy myöntää, että Akulko on oikeassa. Saaret on hänen luomuksensa. Ensimmäisen kerran elämässään Aasla alkaa epäillä, onko maailman luominen oikein järkevää puuhaa, ylipäätään. Ehkä se on vaaratonta useimmille ihmisille, mutta entä jos sattuukin olemaan ihminen, joka on erityisen herkkä? Jos vaikka pystyy vetämään muitakin omiin maailmoihinsa? Kenen on vastuu? Luojalla on valta. Hänellä on vastuukin. Ajatus puistattaa Aaslaa. Mitään tällaista hän ei ole tullut aikaisemmin ajatelleeksi. Valta ja vastuu, vastuu ja valta. Hän pyörittelee sanoja mielessään. Ne ovat kuin pieniä kiviä hänen mielensä rannalla. Ajatukset tulevat ja menevät kuin meren aallot ja hiovat noita pieniä kiviä toisiaan vasten. Niistä ei pääse eroon, ei kivistä eikä ajatuksista.

Aasla istahtaa laverin reunalle ja koettaa keskittyä. Hän vetää syvään henkeä muutaman kerran, mutta ajatukset jatkavat hyrskyämistään.

– Kuule, Akulko, vai mikä sinun nimesi onkaan, sanoo hän sitten, – sinun pitää itsekin paneutua tähän. Keskity ajattelemaan kotiasi, tai vaikka vaimoasi, jos se on helpompaa. Ehkä siitä on apua.

Akulko nyökkää voimattomasti, ja Aasla sulkee silmänsä ja keskittyy uudestaan. Hän luo mieleensä kuvan omasta parvekkeestaan ja täysikuusta, joka on nousemassa metsänreunan takaa. Hän kuulee tornin paksujen kiviseinien vaimentamaa lintujen laulua ja Akulkon kuumeisen, pinnallisen hengityksen. Hän tuntee oman sydämensä raskaat lyönnit. Hän haistaa Akulkosta uhoavan miehisen hien ja tupakan ja melkein vain aavistuksena vanhan viinan ja lentokonepetrolin hajut. Hän tuntee tornin lattian kivilaattojen viileyden jalkapohjiensa alla. Sitten jokin rikkoo hänen keskittymisensä ja hän kääntyi katsomaan hiukan harmissaan Akulkoa.

Parvekkeen ovi on auki ja tuulenhenki liehauttaa leikkisästi sisempää, kevyempää verhoa. Pihalta kuuluu viritetyn mopon kireää pärinää. Aasla nousee vuoteensa reunalta ja menee parvekkeelle. Kuu on nousussa lähellä taivaanrantaa, suurena ja punaisena. Hän kohottaa oikean kätensä huulilleen täysikuun edessä tervehdyksenä jumalatar Dianalle.

Hän ei varsinaisesti usko mihinkään jumaliin tai jumalattariin, ellei sitten itseensä, mutta hänestä on hauskaa pitää elossa tämä ikivanha tapa. Käden suuteleminen täydenkuun edessä tuo elämään vaurautta, mutta ei ilmaiseksi.

Turhaa se olisikin: vain taisteltu onni pysyy.

14. Luku

jossa Aaslaa käy kaupassa, murehtii vakavaa muistamattomuuttaan, heittää verkkoa ja joutuu epäilemään järkensä tilaa.

Aaslaa kalvaa jokin epämääräinen tunne, melkein kuin pahan aavistus. Vaikka hän koettaa käydä läpi viimeaikaisia tapahtumia ja kuulemiaan ja lukemiaan uutisia, hän ei keksi syytä tunteelle. Se tekee hänet levottomaksi, tuo kaivertava, kummallinen tunne. Kuin kivi kengässä.

Ei, kivi kengässä on konkreettinen kiusa ja helposti korjattavissa, mutta tämä hiljainen nakerrus ei sitä ole.

Aasla on matkalla lähikauppaan. Hänen pitää ostaa jotain syötävää, siis jotain muutakin kuin nuudeleita, joita hänellä kyllä on mutta joista hän ei pidä. Ne eivät täytä eivätkä ravitse. Hän kaipaa jotakin kunnollisempaa ruokaa, lihaa tai kalaa. Rasvaista kalaa, lohta. Tunne on outo, sekin. Hän ei pidä rasvasta. Hän inhoaa rasvaa. Keiton pinnalla kelluvat rasvahelmet kuvottavat häntä, ja keitetyn lihan haju saa hänen mahansa kouristelemaan epämiellyttävästi.

Aasla kummastelee, mistä moinen ajatus nousee hänen mieleensä. Hän ei muista keittäneensä lihaa ainakaan kymmeneen vuoteen. Hän ei siis voi muistaa sen hajuakaan. Vai voiko? Ilmeisesti voi. Hajumuisti on tarkka; tuoksut voivat tuoda mieleen kauan sitten unohtuneita muistoja.

Mitä minä en muista? Aasla kysyy itseltään.

Hänellä on epämääräinen tunne jostain pahasta, ehkä onnettomuudesta, jota on ollut todistamassa. Missä ja miten, siitä hänellä ei ole aavistustakaan. Hän harhailee supermarketin hyllyjen väleissä, hypistelee sitä, tutkiskelee tätä. Hän lukee tuoteselosteita sikäli kuin pystyy. Usein ne on painettu niin pienellä tekstillä, että hän ei kykene erottamaan kirjaimia. Sellaista tuotetta hän ei osta. Hänen pitää tietää mitä syö.

Aasla ei ole lainkaan varma siitä, mitä on tullut ostamaan. Hän kuulostelee tuntemuksiaan juustohyllyn edessä. Minulla on juustoa kotona, hän muistaa. Sitten kalahyllyn edessä. Valmiiksi pakatut lohet näyttävät vastenmielisiltä. Ei. Sitten savulihahyllyn edessä. Nyt käsi ojentuu kuin itsestään ottamaan palvikylkipaketin. Lihanpalassa näkyy paksu rasvakerros. Yllättäen se miellyttää häntä. Hän pudottaa paketin ostoskoriinsa. Rasvainen liha vaatii kaalia, hän ajattelee.

Vihannesosastolla Aasla epäröi hetken, ottaisiko kukkakaalia vai tavallista keräkaalia. Hän päätyy kukkakaaliin; siitä tulee herkullista kun sen höyryttää ja nakkaa sekaan kourallisen savukylkeä pikku kuutioiksi leikattuna. Yhdistelmän ajatteleminen tekee hyvää ja saa Aaslan unohtamaan hetkeksi omituisen huolenkalvamisensa.

Kassajonossa Aaslan edessä seisoo maahanmuuttajaperhe, tai ainakin ulkomaalainen perhe. Melkoisen pulska nuori äiti, pieni lapsi rattaissa, toinen vieressä, kolmas juoksentelemassa edestakaisin kassojen edessä. Isä, lyhyt ja tukevahko hänkin, komentaa juoksentelevaa lasta lyhyin ärähdyksin. Se tuo Aaslan mieleen jonkin kaukaisen muiston häivähdyksen. Hän kuulee äkkiä päässään linnunlaulua, yksinkertaisen, toistuvan sävelkulun. Sen mukana palaa outo, nakertava huoli. Hän pudistelee päätään itsekseen, mutta siitä ei ole apua.

Aasla latoo kaalinsa ja lihansa nauhalle ja kaivaa kukkaronsa esille. Silloin hän muistaa unohtaneensa kahvin. Huokaisten hän nappaa ostoksensa takaisin koriin ja siirtyy pois jonosta. Ilman kahvia hän ei aio poistua kaupasta. Vaikka ilman päätä mutta ei ilman kahvia. Jääkaapissa seisova peltirasia on tyhjä.

Hän joutuu kävelemään aika kauas kassoista; supermarket on supersuuri. Hiukan häntä kyllästyttää oma huono muistinsa. Mitä varten hän ei ikinä muista kirjoittaa ostoslistaa? Ja jos kirjoittaa, mitä varten hän ei sitten muista ottaa sitä mukaan? Tai jos muistaa ottaa mukaan, hän ei muista kaivaa sitä esiin kaupassa. Sama pää kesät talvet, hän huokaisee kävellessään kahvihyllyn viertä. Pitääkö noitakin olla niin tolkuttoman paljon? Eri kahvimerkkejä? Sama sille mitä ne ovat, hän valikoi omansa hinnan mukaan. Ei kallista, mutta sen pitää toki maistua hyvältä. Tosikallis kahvi maistuu pahalta hänen suussaan. Kitkerältä ja tunkkaiselta. Onneksi minulla on huono maku, hän ajattelee ironisesti. Joskus siitäkin on etua.

81

Löydettyään viimein hakemansa hän asettaa paketin koriinsa ja lähtee palailemaan kassoille päin. Mitähän mahdan vielä unohtaa? hän miettii. Pitikö minun ostaa maitoa? Ei, sitä minulla on jääkaapissa ihan riittävästi. Hedelmiä? Oikeastaan mango voisi maistua. Voisin kiertää vielä hedelmäosaston kautta katsomassa, olisiko siellä syöntikypsiä. Oikein hyviä siellä ei kuitenkaan ole, vaikka kypsiä olisikin. Missään ei ole niin hyviä mangoja kuin Saarilla.

Saarilla.

Aasla ei huomaa pysähtyneensä. Hänen katseensa kääntyy sisäänpäin; hän näkee leveän joen, joka kiemurtelee kaukana alhaalla, ja pitkän letkan teräksenharmaita proomuja, jotka uurtavat vakaasti tietään kohti seuraavaa joenmutkaa. Mitä ihmettä? hän ajattelee. Vösialaisia jäteproomuja? Missä minä olen muka nähnyt niitä? Mistä edes tiedän, miltä ne näyttävät?

No mutta, Aaslan seuraava ajatus nuhtelee häntä lempeästi. Sinähän olet keksinyt ne itse, etkö muka muista? Ajattelit, että Saarilla syntyy paljon jätettä ja ratkaisit ongelman myymällä ne Vösiaan. Kysyit sitä Vösian luojalta Skypessä, etkö muka muista? Hänestä se oli hyvä ajatus. Mutta ei hän proomuja keksinyt, vaan sinä itse. Hän olisi luultavasti lennättänyt ne rahtikoneilla. Suurilla koneilla, joitten ruumaan mahtuu konttikaupalla tiukkaan puristettuja jätteitä. Konteissahan jätteet kuljetetaan laivoissakin. Kastman rahtisatamassa on suunnattomia konttinostureita, jotka lastaavat proomujen tuomat jätekontit suuriin konttilaivoihin. Miksi ei yhtä hyvin lentokoneisiin? Aasla näkee mielessään suuren rahtikoneen. Korkean pyrstön, jonka alle työntyy rekka. Niin kuin Antonov tai Iljušin.

Iljušin?

Aasla seisoo supermarketin leveällä käytävällä otsa rypyssä. Hän on muistamaisillaan jotakin, joka liittyy Iljušineihin. Jotain muuta kuin sen, että hän rakastaa niitä, koska ne ovat niin mahdottoman, niin käsittämättömän suuria ja silti nousevat ilmaan ja lentävät.

Mutta Aasla ei saa mieleensä sitä asiaa, joka kiusaa häntä aivan muistin rajoilla.

Huokaisten hän jättää hedelmäosastolle menemisen väliin ja kiiruhtaa kassajonoon.

Odotellessaan jonon etenemistä hän silmäilee lehtitelinettä. Hetken mielijohteesta Aasla nappaa ostoskoriinsa iltalehden. Sen ostaminen on rahan hukkaanheittämistä, mutta joskus voi sitäkin tehdä, miksipä ei. Kunhan pysyy kohtuudessa.

Päästyään viimein takaisin pikku kotiinsa Aasla lataa kahvinkeittimen, napsauttaa sen päälle ja asettuu lukemaan ostamaansa lehteä. Siinä ei ole mitään kiinnostavaa, varsinaisesti, mutta Aasla lukee silti jokaisen pienenkin artikkelin, ilmoitukset ja kaikki, silmäilee kuvia ja – oikeastaan – nauttii lukemastaan. Lehti on täydellisen typerä, joten sen lukijakunta voi olla vain täydellisen typerää väkeä. Kuten minä itsekin, Aasla naurahtaa itseironisesti. Hänen silmänsä osuvat pieneen jutunpätkään, jossa mainitaan, että aiemmin samalla viikolla pudonnut avustustarvikkeita kuljettanut rahtikone on löytynyt täysin murskaantuneena vuoristosta Italian ja Sveitsin rajalta. Eloonjääneitä ei ole, ja lasti on levinnyt pitkin vuorenrinteitä sikäli kuin ei ole palanut. Kapteenin ruumista ei ole vielä löytynyt, eikä myöskään koneen mustaa laatikkoa.

Lehti putoaa Aaslan syliin. Vihdoinkin hän muistaa sen, mikä on kolkutellut hänen muistinsa rajoja koko aamupäivän. Hän muistaa pyöreän tornin, kuumeesta kiiltävät, lähekkäin sijaitsevat harmaat silmät, pitkähkön nenän, leuan kuopan, yllättävän kauniin suun, jonka huulet ovat pahasti rohtuneet ja halkeilleet, korkealle otsalle paenneen tumman hiusrajan... Venäläinen lentäjä! Se, joka Aaslan piti tuoda pois Saarilta. Eikö hän päässytkään pois? Ilmeisesti ei. Tai sitten hän on joutunut jonnekin muualle. Hänenhän piti ajatella vaimoaan. Ehkä hän on päässyt vaimonsa luokse? Missä hän sanoikaan kotinsa olevan? Vitebskissä?

Minä en kyllä saa tietää sitä koskaan, Aasla ajattelee. Miten voisinkaan?

Menemällä Saarille.

Tosiaankin. Sehän on hyvä ajatus. Mutta miten löytäisin Ilanin talon? Missä se sijaitsee? Minulla ei ole siitä mitään käsitystä. Oletan, että Suulasaarella, mutta se voi olla millä vain Saarten kolmesta saaresta. Eihän minun toisalta tarvitsekaan tietää ihan tarkasti, missä se sijaitsee. Voin keskittyä taloon, tai torniin, tai vaikka siihen simpukkaparvekkeeseen. Yritän löytää paikan kunhan ennätän.

Juuri nyt en kyllä ennätä.

Kyllä hän ennättäisi, ei hänellä ole mitään erityistä tekemistä, mutta hän tuntee outoa vastenmielisyyttä. Hänestä tuntuu siltä kuin hänen oma salainen maailmansa olisi jotenkin saastutettu kun hän on joutunut sinne jonkun muun tahdosta kuin omastaan.

Se ei tunnu enää samalta.

Hänen mieleensä nousee Ilani. Yhä kauniit kasvot kääntyvät Aaslaa kohti, ja niillä on anteeksipyytävä, niukka hymy. Siten kuva haihtuu ja jättää Aaslan ristiriitaisten tunteitten valtaan. Hän ajattelee venäläistä lentäjää ja häpeää. Hän ajattelee vanhaa saarelaista naista ja tuntee suuttumusta, melkein vihaa.

Pilasit minun oman maani, hän ajattelee. Sitä en anna anteeksi. En, teitpä sen vaikka kuinka hyvästä syystä.

Aaslaa kaivertaa epämiellyttävä harmin tunne. Tämä tilanne on niin omituinen, hiukan pelottavakin.

Ei kai siinä ole mitään normaalia että löytää luomastaan maailmasta vieraan ihmisen? Oikean ihmisen? Vai onko muka?

Ei todellakaan.

Tätä painetta ei pura mikään tavallinen toiminta. Ei musiikki, ei pelaaminen. Ja jos kaikenmoisten otusten ammuskelu tietokonepelissä ei sitä tee, silloin on pantava kovat piippuun.

Kielikuva naurattaa Aaslaa. Se on niin osuva.

Hän tietää tarkalleen mitä tarvitsee: seksiä, kunnon panon eikä mitään puuhastelua.

Aasla päättää heittää verkon saadakseen muuta ajateltavaa.

Hän asettuu rentoon asentoon rähjäiseen, mukavaksi muokkautuneeseen nojatuoliinsa ja sulkee silmänsä. Hän vetää henkeä syvään kerran, kaksi kertaa, ja päästää itsensä irti. Hän antaa itsensä pudota kokonaan pois omasta tanakasta ruumiistaan.

Hän kokee sen putoamisena, vaikka ehkä pitäisi paremminkin puhua nousemisesta?

Liekö sillä väliä.

Hän ei ole enää tässä maailmassa; hän leijailee tilassa, jossa ei ole reunoja, ei äärtä, ei mitään. Siellä on vain tyyneys ja rauha. Aasla kehii auki verkon. Se on seitinohut ja hopeisena kimaltava. Hän lähettää sen matkaan ranteen heilautuksella, ja se katoaa aamuaurinkoon haihtuva usva.

Aasla tuntee ihanaa, värisyttävää jännitystä.

Kenet verkko mahtaa siepata tällä kertaa? Vai palaako se tyhjänä?

Joskus käy niinkin.

Ja sitten jokin alkaa kimaltaa Aaslan edessä; verkko on tullut takaisin, eikä suinkaan tyhjänä. Sen sisällä on jotakin. Aasla heilauttaa kättään ja verkko katoaa taas. Nyt hän näkee saaliinsa, hämmästyneen näköisen miehen. Aasla ei tunne miestä, vaikka hänessä on kyllä jotakin tuttua. Hän on keskimittainen ja harteikas, ehkä nelikymppinen. Hän katselee Aaslaa kuin jotain ilmestystä. Hänellä on tummanruskeat silmät ja karhea, lyhyeksi kynitty tukka. Kasvot ovat leveähköt, ja poskilla näkyy aavistus sängestä. Hän ei ole mitenkään kaunis mies, eikä hänen tarvitsekaan olla.

Riittää että hän on toimiva mies.

Ja sellainen hän totisesti on.

Jälkeenpäin Aasla makailee kauan puoliksi miehen leveän rinnan päällä ja katsoo häntä silmiin. Vain katsoo. Ja mies katsoo takaisin.

Se katse kestää ikuisuuden, siihen asti, että Aasla havahtuu nojatuolissaan perin pohjin tyydytettynä ja rauhoittuneena. Kaikki kireys ja harmi ovat poissa.

Kiitos Kaikkeudella tantrasta, huokaisee Aasla.

Ilman sitä elämä olisi rutikuivaa autiomaata.

– Mitä kuuluu?

Jernei, Skypessä.

– Saarten kanssa tässä kummittelen...

Aasla, samaten.

– Miksi? Mitä on tapahtunut? Oletko käynyt siellä taas?

– En vapaaehtoisesti, mutta...

– Mutta?

– Löysin itseni sieltä ja kävi ilmi, että muuan vanha nainen oli kutsunut minut sinne.

– Miten ihmeessä hän sen teki?

– Siinäpä se. Väitti hänellä kulkevan suvussa taidon tehdä se. Kutsua Luojaa, siis.

– Sinä siis olet itse antanut hänelle sellaisen taidon?

– Enkä ole! Tai, no... annoin joillekin suvuille mahdollisuuden tehdä jotakin erikoista. En määritellyt tarkemmin, mitä se olisi.

– Mielenkiintoista!

– Niin on, mutta yhtä asiaa minä en ymmärrä. Miten voi ihminen, jota ei ole olemassakaan, vaikuttaa ihmiseen, joka on olemassa?

– Ihmettelee ihminen, joka seikkailee maailmoissa, joita ei ole. Mistä päättelet, että se nainen oli ihminen? Ethän sinäkään kuljeskele siellä lihoinesi kaikkinesi.

– Tavallaan olet oikeassa, mutta kun olin siellä, kaikki oli aivan todellista. Nipistin itseäni nähdäkseni olenko hereillä, ja se kyllä tuntui. Kynnenjäljet näkyvät vieläkin. Mutta siinä ei ollut kaikki. Tapasin siellä ihmisen, joka on olemassa todellisessa maailmassa. Siis oikean ihmisen, joka ei ole minun ajatusteni tai kenenkään muunkaan ajatusten luoma. Minun olisi pitänyt toimittaa se ihminen sieltä pois. Sitä varten minut oli sinne siirretty. Lihoineni tai sitten ei.

– Kuka se oli? Joku tuttu?

– Ei. Lentäjä, joka putosi Alpeilla viime viikolla. Sergei Akulko.

– Tiedän, että joku avustuslentokone rysähti vuoren kylkeen. Siitä on näkynyt juttuja viime aikoina. Aika hurjaa.

– Niinpä. Alkaa itseänikin pelottaa. Siis ajattele!

– Miltä mies vaikutti? Oliko hän todellinen vai henki?

– Minusta hän oli aivan todellinen. Kaikki siellä olevat ihmiset olivat aivan todellisia, eivätkä he olleet minun keksintöäni. Tunnen itseni sekopäiseksi. Ihan hulluksi. En tiedä enää, olenko täysissä järjissäni.

– Sitä älä murehdi. Sinä jos kuka olet täysissä järjissä.

– Entä jos minussa on puhjennut skitsofrenia? Tai jokin muu mielisairaus?

– Siinä tapauksessa se on iskenyt minuunkin.

– Tekisitkö minulle palveluksen?

– Tottahan toki jos suinkin voin.

– Pitäisitkö silmäsi auki siltä varalta että sikäläisissä lehdissä tai tv:ssä tai missä vain näkyy vielä juttua onnettomuudesta? Jos vaikka kapteeni löytyy elossa. Täytyyhän hänen olla elossa jossakin. Kaikesta huolimatta minun on mahdotonta uskoa, että hän olisi Saarilla oikeasti. Ei voi olla, vaikka hänen henkensä, tai miksi sitä sanoisi, siellä onkin. Tai oli.

– Selvä, pidän silmät auki. Muuten, mitä sinä teit hänelle Saarilla? Varmaankin yrität jotenkin saada hänet sieltä pois?

– Siinäpä se… Minulla ei ollut aavistustakaan, mitä tehdä. Käskin hänen keskittyä ja ajatella vaimoaan. Enhän minä itsekään tee muuta.

– Ajattelet vaimoa?

– Keskityn, sinä rienaava riiviö!

86

He purskahtavat vapauttavaan nauruun. Voi olla, että heidän maailmansa on omituinen, ja voi olla niinkin, että he ovat mielisairaita, mutta sellaista heidän elämänsä vain on.

15. Luku

> jossa Aasla koettaa pelastaa onnettoman miehen kauhealta kohtalolta, tapaa satamassa nuoren miehen ja miettii perhe-elämän kummallisia kuvioita.

Akulko on yhä Saarilla!

Tieto jyskyttää Aaslan päässä kuin paalujuntta.

Hän ei päässytkään pois! Me epäonnistuimme! Minä epäonnistuin!

Aaslaa järkyttää ajatus, että hänen Saarillaan, hänen päässään, tai kenties amerikkalaisella serverillä, on ihminen, joka ei pääse sieltä pois.

Minun päässäni on ihminen, joka ei pääse sieltä pois! Kuin jokin kaamea loinen.

Ajatus ei ole miellyttävä eikä kaunis.

Aasla tuntee painetta, joka on niin lähellä paniikkia kuin olla voi riistäytymättä vielä täysin hallinnasta. Ajatukset kihisevät hänen päässään kuin hyttysparvi kun hän koettaa epätoivoisesti löytää toimivan ratkaisun.

Normaalisti hän pääsee Saarille milloin vain. Hänen tarvitsee vain keskittyä ja päästää irti. Nyt hän on yrittänyt päästä vanhan naisen taloon, tai hänen torniinsa, tai hänen tyttärensä taloon, mutta se ei onnistu tällä kertaa. Syytä hän ei tiedä, ja se kummastuttaa häntä.

Hän ei tiedä, millä Saarten kolmesta saaresta Ilanin talo sijaitsee. Jotain voi päätellä joesta, jonka hän näki ikkunasta, mutta Saarilla on useita jokia. Sitten hän muistaa katselleensa jäteproomujen kulkua joella. Sekään ajatus ei auta; jäteproomuja kulkee siellä monellakin joella. Jätteitä syntyy joka paikassa.

Ajatus murehduttaa häntä hetken aikaa. Jätteetöntä maailmaa ei voi luoda edes päänsä sisässä. Sielläkin ihmiset alkavat roskittaa heti kun ajatukset ovat luoneet heidät siitä sähkökemiallisesta räiskeestä, jota aivot ovat täynnään. Aasla näkee hetken sielunsa silmin päänsä sisään. Siellä käy melkoinen vilske ja vilinä. Sähköiset impulssit kiitävät kuin salamat pitkin hermoratoja, kemikaalit sihahtelevat ja kuplivat. Ja kaikesta siitä menosta ja metelistä muotoutuu kauniita kuvia ja ajatuksia.

Se kaunis ajatus jota hän nyt tarvitsisi, pysyttelee poissa. Jokin keino täytyy olla, jokin aivan yksinkertainen keino. Niin yksinkertainen, että hän ei keksi sitä oikopäätä.

Hänen pitää paneutua asiaan, tarkastella sitä kaikilta puolilta. Aasla on luullut tähän asti tuntevansa Saaret läpikotaisin, koska on itse luonut paikan. Nyt hän ymmärtää, että kaikkea ei voi luoda niin täydellisesti, etteikö tilaa jäisi sattumallekin. Se on osoitus Kaikkeuden huumorintajusta. Tosin Aaslan on hieman vaikea nähdä tilanteessa mitään hauskaa. Hän tuntee vajavaisuutensa kipeästi tällaisina hetkinä. Varsinkin tällaisina hetkinä.

Epätoivon hetkinä.

Aasla tajuaa yhtäkkiä ettei ole tuntenut epätoivoa pitkiin aikoihin. Kirves ei ole pudonnut. Hän sanoo noita mustan epätoivon hetkiään kirveeniskuiksi, sillä siltä ne tuntuvat. Rysähdykseltä, joka tulee terävä reuna edellä ja osuu hänen sisimpäänsä. Hän on pitänyt näitä kirveeniskujaan hintana, jonka jokainen joutuu maksamaan luovuudestaan. Nyttemmin hän on huomannut, että kaikki luovat ihmiset eivät saa niitä. Tai ehkä he eivät vain myönnä sitä? Ehkä se on heistä jotenkin häpeällinen ilmiö? Aaslasta siinä ei ole mitään häpeämistä. Harvoinkos ihmiset hyppäävät hulluna, milloin mistäkin syystä? Jotkut ihan vain hulluuttaan.

Aasla arvelee kuuluvansa melko varmasti heihin.

Joskus, nuorempana, se hävetti häntä, mutta ei enää. Hän on tuhannesti mieluummin luova ihminen, jumalallinen luovuudessaan, kuin mielikuvitukseton ja arkipäiväinen, tylsää arkielämää viettävä ihminen. Tosin hänen elämänsä näyttää ulkopuolisesta katsojasta varsinaiselta tylsyyden monumentilta, eihän hänelle näytä ikinä tapahtuvan mitään. Hän ei käy juuri missään, eikä näytä tietävän maailman menosta kerrassaan mitään. Hän tietää tarpeeksi paljon maailman menosta osatakseen välttää sitä viimeiseen asti. Hänen oma maailmansa on hurmaava, täynnä seikkailuja. Hän tapaa kenet haluaa silloin kun haluaa ja missä ja miten haluaa. Silloinkin kun hän seisoskelee bussipysäkillä hän saattaa olla keskellä seikkailua tai kokemassa jotain uskomattoman upeaa. Hänen melko suloton olemuksensa on kuin portti lukemattomiin universumeihin ja ulottuvuuksiin. Mutta nyt hän on ennenkokemattomassa tilanteessa eikä tiedä miten siitä selviää. Jos se olisikin yksin hänen asiansa, mutta siihen on sekaantunut viaton ulkopuolinen ihminen. Ihminen, joka on haluamattaan joutunut hänen luomaansa maailmaan, hänen päänsä sisään. Sitä on vaikea ymmärtää. Se ei mahdu järkeen, kirjaimellisesti. Hän miettii eri vaihtoehtoja, mutta kaikki tuntuvat kyseenalaisilta. Hänellä ei kuitenkaan ole vaihtoehtoja; hänen on pakko kokeilla kaikkea löytääkseen Akulkon Saarilta. Hän ymmärtää tuskallisen selvästi, että Akulko kuolee Saarilla nälkään, tai jo sitä ennen janoon, koska mikään siellä ei ole hänelle oikeasti todellista. Hän voi syödä siellä, ja juodakin, mutta se on vain illuusio. Niinhän Akulko sanoikin: hän joi hedelmämehua, joka maistui hedelmämehulta mutta ei poistanut janoa eikä nälkää, sai vain hänen vatsansa sekaisin. Tai siltä hänestä tuntui.

Aaslan on pakko mennä Saarille katsomaan, voisiko sieltä käsin keksiä jotakin ratkaisua tähän pulmalliseen tilanteeseen. Hän päättää kokeilla rasittumista. Joskus se on antanut lisäpotkua. Hän pakkaa vanhaan kaasunaamarilaukkuun istuinalustan, vettä ja omenan ja suuntaa luontopolulle, joka kiertelee jyrkkäkallioisessa maastossa. Hän poikkeaa pian polulta pois ja lähtee kapuamaan ylös kallionkylkeä. Se ei ole aivan helppoa kun ottaa huomioon hänen nivelrikkonsa ja ruumiinrakenteensa, mutta rasittavaahan sen pitääkin olla.

Hän valuu hikeä ja puuskuttaa tukehtumaisillaan päästessään vihdoin kallion laelle. Hän tietää, että siellä on juuri hänen tarkoituksiinsa sopiva paljas kohta, jota ympäröivät alempana rinteillä kasvavien puitten latvat.

Hän levittää auringon lämmittämälle kalliolle istuinalustansa ja asettuu sen päälle ristien säärensä mukavasti – kumma miten hyvin ne taipuvatkin tänään! – ja sulkee silmänsä. Hän antaa luonnon äänten täyttää tietoisuutensa, tuulen suhahtelun kuusenlatvoissa, jonkun satunnaisen pikkulinnun piipahduksen, hyönteisten surahtelun. Koska hänellä ei ole aavistustakaan, mihin Akulko on Saarilla joutunut, hän luo mieleensä kuvan harmaista, ryhmyisistä kivistä muuratusta matalasta tornista. Varmaankin kannattaa tarkistaa ensimmäiseksi paikka, jossa Akulko on varmasti ollut.

Maailma katoaa Aaslan tietoisuudesta, eikä hän enää kuule lintua eikä hyönteisiä. Hänen hikisiä kasvojaan hivelevässä tuulenhengessä erottuu nyt raikas meren tuoksu. Hän avaa silmänsä ja huomaa olevansa Kastman satamatorin rannassa katselemassa nuorta miestä, vielä melkein poikaa, joka nostelee rivakasti tyhjiä sälelaatikoita veneeseen. Aaslan mieleen nousee tieto, että nuorukaisen perhe kasvattaa vihanneksia ja vie niitä torimyyjille edelleen myytäviksi. Hänen äitinsä maamies hoitaa vihannesviljelmiä, mutta myös äidin merenmies työskentelee farmilla ollessaan maissa. Saarelaiset tekevät mieluummin jotakin kuin laiskottelevat joutilaina. Sen näkee nuorukaisestakin. Hän on tottunut tekemään ruumiillista työtä pienestä pitäen. Siispä hänestä on kasvanut nuori mies, jossa ei ole mitään liikaa. Hän on kaunis katsella, ja kyllä Aasla häntä katseleekin, niin kiinteästi, että poika huomaa hänet ja hymyilee. Hänellä on avoimet, päivettyneet kasvot, ja hän kysyy: – Oletko eksynyt, tai jotain? Voinko auttaa?

Tietenkin nuori mies on nähnyt heti, että hän ei ole täkäläisiä.

Aasla vastaa hymyyn. – Ehkä voitkin, hän sanoo. – Etsin naista nimeltä Ilani. Satutko ehkä tuntemaan hänet?

– Satun, nuori mies sanoo heti. – Perheeni on menossa illalla juhlaan, johon hänkin varmasti tulee. Nouse kyytiin niin vien sinut kotiini.

– Sittenhän minulla kävi tuuri, Aasla naurahtaa ja kapuaa muitta mutkitta veneeseen. Se on kookas moottorivene, jossa on eturuffi ja avara, avoin lastitila. Aasla menee etukannelle ja istahtaa kajuutan katolle.

Nuorukainen saa viimeisetkin laatikot kyytiin, käynnistää moottorin, jättää sen tyhjäkäynnille ja menee heittämään köydet irti. Sitten hän ohjaa veneen irti laiturista ja lähtee ajamaan kohti itää. Aasla ymmärtää hänen olevan matkalla suuren joen suistoon. Joen nimeä Aasla ei juuri nyt muista, mutta kyseessä on sama joki, joka laskeutuu alas Suulasaaren vuoristoiselta pohjoisrannalta monena haarana yhtyen alempana yhdeksi mahtavaksi kymiksi. Sivuhaaroissa on putouksia ja koskia, mutta päähaara on kesympi ja virtaa rauhallisena monin mutkin ja polvekkein mereen. Ennen mereen ehtimistään jokisuu avartuu laajaksi suistoksi, jossa on lukemattomia pieniä saaria ja matalikkoja. Aasla muistaa, että suisto on joskus ollut melkein umpeen rehevöitynyt ja saastunut. Saarelaiset heittivät huolettomasti jätteensä vesistöihin ja lannoittivat peltonsa ylenpalttisesti itäreunan kallioilta louhimallaan guanolla. Vanema ja hänen neuvonantajansa olivat huolissaan, mutta mitään ei tehty asiaintilan korjaamiseksi.

Sitten meri ajoi jokisuistoon kuolleen valashain.

Valashai on saarelaisille pyhä. Sen valtavan raadon näkeminen pöyristytti heitä. He ymmärsivät syyllistyneensä rikokseen luontoa koh-

90

taan. Itse mahtava merikin kärsi heidän ajattelemattomuudestaan ja antoi heille varoittavan merkin. He katselivat järkyttyneinä kuollutta jättiläistä ja uskoivat kerrasta. Lannoittaminen lopetettiin moneksi vuodeksi kokonaan, ja sitten, kun sitä alettiin taas käyttää, sitä käytettiin järkevästi ja huolehtien varoalueista vesistöjen lähettyvillä. Eikä jätteitä ei enää heitetty minne tahansa vaan pakattiin kontteihin ja myytiin Vösiaan.

Jokisuisto puhdistui muutamassa vuodessa täydellisesti.

Moottorivene pujottelee pikkusaarten ja matalikkojen sokkelon läpi ylös jokea. Aasla nauttii maisemista ja ajoviimasta, joka tekee paahtavan auringonpaisteen siedettäväksi. Nuorukainen puhuu ajaessaan kännykkäänsä käyttäen Saarten lyhyttä arkikieltä. Aasla kuuntelee puolella korvalla nuorukaisen jutustelua. Hän puhuu ilmeisesti tyttöystävänsä kanssa, ja nuoret sopivat tapaavansa illan juhlissa. Aaslan mieleen tulee miettiä, miltä saarelaisista miehistä oikein tuntuu ajatus vaimon jakamisesta toisen miehen kanssa. Heille se on luonnollista, sillä he kasvavat ajatukseen pienestä pitäen. Naisia ei saa jättää yksin vastuuseen perheestä miehen ollessa poissa. Ja merenmiestenkin pitää voida mennä naimisiin ja perustaa perhe. Siksi merimiehen ja maissa työskentelevän miehen yhdistelmä on toimiva ja hyväksi havaittu. Tosin merimiehiä on nykyään vähemmän kuin ennen, joten naisten on toisinaan vaikea löytää sellaista itselleen. Se ei ole silti mikään ongelma. Naisten ei toki ole pakko ottaa kahta aviomiestä; se on vain tarpeen hyväksi osoittama tapa. Ja jos on vain yksi aviomies, se ei ole koskaan merenmies, vaan aina maamies. Monet naiset pitävät merimiehenä myös matkatöitä tekeviä tai ulkomailla työskenteleviä miehiä. Maailma on muuttumassa siinäkin suhteessa. Oikeinhan se onkin. Maailma muuttuu ja ihmiset sopeutuvat muutoksiin parhaansa mukaan.

Moottorivene ohittaa suistoalueen ja ajaa vielä puolisen tuntia ylös jokea. Rannat kohoilevat loivina kukkuloina, joitten rinteillä on puutarhoja ja peltoja, ja kaiken uhkean rehevyyden seassa näkyy viehättäviä pikkukyliä. Jokaisen kylän kohdalla on rannalla laituri asianmukaisine rakennuksineen ja polttoainepumppuineen.

Vihdoin vene kaartaa lähemmäksi rantaa ja lipuu laituriin, jonka kohdalla ei näy kylää, vaan vain puitten ja pensaitten saartama matala, laaja rakennus. Nuorukainen loikkaa kevyesti laiturille ja kiinnittää veneen pollareihin. – Saatan sinut taloon, hän sanoo Aaslalle ja lähtee opastamaan häntä jokirannan loivaa rinnettä ylös talolle. Sinne vievä tie on peitetty valkoisella, karkealla soralla, joka on jyrätty tiukaksi pinnaksi tielle. Se on parin metrin levyinen, ja molemmin puolin kasvaa pensaita ja puita. Talo itse on laaja, siinä on siipirakennukset molemmilla sivuilla ja edessä tasainen ruohokenttä.

Talon edessä seisoo pieni kuorma-auto, jonka lavalla on lisää vihanneslaatikoita. Talosta tulee juuri mies, joka kiipeää autoon ja lähtee ajamaan kadoten talon nurkan taakse. Hetken kuluttua kauempaa tieltä lähestyy trukki, joka lähtee laskeutumaan soratietä alas laiturille. Se menee hakemaan veneen tuomia tyhjiä laatikoita, arvaa Aasla.

– Äiti on sisällä, nuorukainen sanoo heilauttaen kättään taloon päin.

– Mene vaan sisälle, minun pitää palata purkamaan venettä.

Aasla kiittää nuorukaista, ylittää pihanurmikon ja astuu kuistille. Talo vaikuttaa hänestä tyhjältä, mutta mentyään sisälle hän kuulee ääniä sisemmältä talosta. Hän menee äänien suuntaan ja päätyy keittiöön, jossa kaksi naista valmistelee ateriaa. Toinen puhdistaa vihanneksia ja toinen sekoittaa suuressa kulhossa taikinaa. Hän kaataa siihen juuri jauhoja ja sanoo nauraen jotakin toiselle naiselle, joka kuorii ja pilkkoo näppärästi suuria, oransseja juurikkaita. Aasla nojautuu ovenpieltä vasten ja kuuntelee, mitä naiset puhuvat.

Vihanneksia pilkkovan naisen veitsikäsittelyn näppäryys ihastuttaa Aaslaa. Veitsi välähtelee, tsup-tsup-tsup ja leikkuulaudalla on oitis kasa pikkuisia kuutioita. Nainen nostelee ne veitsen leveän terän avulla suureen pannuun. Kuutiot alkavat tiristä ja levittävät keittiöön herkullista tuoksua.

– Oletko menossa Pangan elojuhliin? nainen kysyy ottaessaan seinätelineestä puulastaa, jolla alkaa sitten sekoitella pannun sisältöä. – Siellä on poikien bändi esiintymässä. Joren kertoi että Panga lupasi oikein palkkion heille jos he soittaisivat koko illan.

– No onpas anteliasta, toinen nainen sanoo kohottaen kulmakarvojaan, kadehdittavan kauniita, Aasla panee merkille.

– Ei ollenkaan Pangan tapaista. Pojat ovat varmaankin innoissaan.

– Ovat tosiaankin! Joren ei ole muusta puhunutkaan pitkiin aikoihin. Poikien soittotaito on kyllä kehittynyt oikein hyvin.

Aasla tajuaa, että venettä ohjannut nuorukainen on juuri tämä Joren, ja nainen, joka hänestä puhuu, on hänen äitinsä. Ja Panga, Aasla muistaa vihdoin, on Ilanin tytär! Nyt Aasla ymmärtää, miksi hänen piti tulla juuri tähän taloon. Nämä ihmiset tuntevat Ilanin ja tietävät, missä hänen talonsa on. Tai, no, ainakin he tietävät, missä hänen tyttärensä talo on. Se voi aivan hyvin olla lähellä Ilanin taloa, aivan kuin hänen nuoremman tyttärensäkin talo. Tai ei, eihän se ollut tyttären talo, vaan hänen puolisotalonsa. Talo, johon maamies siirtyy silloin kun merenmies palaa kotiin. Molemmat miehet eivät toki asu samanaikaisesti vaimonsa luona. Mutta, jatkaa Aasla ajatuksen kehittelyä, onhan mahdollista, että äitikin osallistuu tyttärensä juhlaan. Hyvinkin mahdollista. Aasla päästää helpotuksen huokauksen. Homma alkaa hoitua, ajattelee hän. Tämä perhe vie minut suoraan sinne, minne minun pitääkin mennä. Minun tarvitsee vain odottaa.

Hän astuu lähemmäksi naisia, jolloin nämä huomaavat hänet ja katsovat häntä hämmästyneen näköisinä.

– Anteeksi tunkeiluni, Aasla sanoo nuorukaisen äidille. – Poikasi toi minut tänne veneellään. Minun pitää tavata Ilani, ja hän arveli, että... Minun nimeni on Aasla.

– Hienoa, sanoo talon emäntä, – että poikani ymmärsi tarjota apuaan. Olen Mrina.

– Ja minä olen Karti, sanoo toinen naisista hymyillen. – Olen hänen sisarensa. Hän nyökkää kevyesti kohti Mrinaa.

– Lähdemme illansuussa Pangan luo juhliin. Ilani on varmasti siellä myös, Mrina sanoo. – Voisin kyllä varmistaa sen soittamalla hänelle.

– En usko että saat häneen yhteyttä nyt, Karti huomauttaa taikinakulhonsa äärestä. – Tähän aikaan päivästä hän yleensä on tavoittamattomissa.

– Niinpä tosiaan, Mrina sanoo, – unohdin. Mutta tapaat hänet varmasti juhlissa, Aasla. Olet ilmeisesti tullut kaukaa?

– Niin, Aasla sanoo epämääräisesti. – Voisinko auttaa tuossa? Hän heilauttaa kättään kohti pöytää, jolla on päivällistarpeita odottamassa valmistelua.

Mrinakin katsoo niitä. – Voisit oikeastaan kuoria nuo pähkinät.

Aasla istahtaa pöydän ääreen ja vetää pähkinäkulhon eteensä. Tuntuu hyvältä tehdä jotain eikä vain odotella iltaa ja hermoilla.

Pian, pikemmin kuin uskoikaan, Aasla on Pangan talon pihalla. Juhlat ovat hyvässä vauhdissa. Puitten alla on pitkiä pöytiä, jotka kirjaimellisesti notkuvat ruoista ja juomista. Monivärisistä hedelmistä ja vihanneksista rakennetut taidokkaat asetelmat koristavat pöytiä. Puihin on ripustettu värikkäitä valoja. Puutarhan perälle on rakennettu esiintymislava, jolla joukko nuorukaisia virittelee soittimiaan. Ihmisiä on paljon, kaikki soreita, kauniisti pukeutuneita ja iloisella juhlatuulella. Kauden sato on ollut hyvä, sitä kannattaa juhlia. Saarelaiset rakastavat juhlimista. He käyttävät jokaisen tekosyyn hyväkseen voidakseen panna pystyyn juhlat.

Aaslasta se on hyvä tapa.

Aasla kuljeskelee puutarhassa etsien Ilania tai hänen tyttäriään. Hän on huolissaan Akulkon vuoksi eikä siksi oikein jaksa heittäytyä mukaan juhlatunnelmaan. Yhtye aloittaa soiton, ja Aasla kulkeutuu lähemmäksi lavaa. Pojilla on erilaisia kielisoittimia, rummut ja panhuilua muistuttava puhallinsoitin. Heidän musiikkinsa on samalla kertaa sekä iloisen kevyttä että oudon melankolista. Sointukuviot toistuvat eri sävellajeissa muodostaen monimutkaisia kuvioita, ja kaiken pohjalla sykähtelevät rummut.

Musiikki saa Aaslan outoon mielentilaan. Hänestä tuntuu siltä, että hän voisi unohtua tähän hämärtyvään puutarhaan välittämättä enää mistään tai kenestäkään. Hänen täytyy pakottaa itsensä riistäytymään irti tunnelmasta. Hän ei saa unohtaa, miksi on täällä. Hänen pitää löytää pitkä, valkotukkainen nainen, Ilani. Aaslalla on pelko, että hän on unohtamaisillaan Ilanin nimenkin. Hän alkaa tuntea pakottavaa kiirettä, melkein hätää. Hän pakottautuu nykäisemään viereensä osunutta nuorta naista hihasta. – Anteeksi, mutta onko Ilani täällä? Olin näkevinäni hänet... Aasla käyttää vanhaa kieltä, sitä kauniisti soljuvaa, ja tyttö katsoo häntä oudosti. Aasla ei tiedä, mitä tyttö oikeastaan näkee katsoessaan häntä.

– Ky-yllä, tyttö sanoo hitaasti. – Hän on tuolla. Tyttö heilauttaa kättään Aaslan takana seisovaa pöytää kohti kääntämättä katsettaan hänestä. – Juttelee Pangan kanssa.

– Kiitos, sitten menenkin sinne, Aasla sanoo ja kääntyy poispäin. Tyttö jää katsomaan hänen peräänsä hämmentynyt ilme kasvoillaan.

Aasla kiiruhtaa kohti pitkää pöytää. Sen vieressä valkotukkainen pää kohoaa korkeammalle kuin kenenkään muun. Ilani on toisia ainakin puoli päätä pitempi. Hän seisoo selin Aaslaan, mutta Aaslalla on tunne, että Ilani tietää hänen olevan tulossa kohti. Siksi hän ei hämmästy kun Ilani lähtee toisten luota ja astelee syvemmälle puutarhaan. Aasla seuraa häntä. Ilani kiertää kukkivan pensaan ja vasta sen takana kääntyy Aaslaan päin. Hän katsoo Aaslaa hymynkare huulillaan, mutta hänen silmänsä ovat vakavat. Hän ojentaa kätensä ja Aasla tarttuu siihen.

Hetken naiset vain katsovat toisiaan. Sitten Aasla sanoo: – Mies on vielä täällä.

Ilani nyökkää.

– Hän ei puhunut minulle totta, Aasla jatkaa. Tämä tieto tulee jostakin hänen mieleensä. – Siksi en voinut auttaa häntä. Hän valehteli, ja nyt hän on kuolemaisillaan.

Ilani nyökkää taas. Hän kohottaa kätensä kun Aasla avaa suunsa sanakseen jotakin. – En voi auttaa häntä tai sinua.

– Tiedän, Aasla sanoo, ja tietää niin olevan. – Et voikaan. Vain minä voin, mutta minun pitää löytää hänet. Tiedätkö, missä hän on? Voitko auttaa minua edes löytämään hänet?

Ilani katsoo häntä arvioivasti, pää hiukan kallellaan. – Kyllä, sen voin tehdä. Hän on yhä tornitalossani. Ehkä on jo liian myöhäistä.

– Ehkä onkin, myöntää Aasla, – mutta minun on ainakin yritettävä auttaa häntä pääsemään pois. Hän ei voi elää täällä.

– Ei, sanoo Ilani. – Tänne hän ei kuulu.

– Miksi et kutsunut minua kun huomasit, että hän on vielä täällä?

– Yritin, monta kertaa. Liian monta kertaa. Ilanin kasvoilla vilahtaa outo ilme. Syyttävä? – Se ei onnistu enää.

– Miten löydän tornisi? Aasla kysyy kärsimättömästi. – Minun on päästävä sinne heti.

– Minä vien sinut sinne itse, Ilani sanoo ja lähtee astelemaan rivakasti kohti rantaa. Aasla tajuaa, että Pangan talo sijaitsee joen rannalla, ja talon laituri on aivan lähellä ja laiturissa moottorivene. Hänellä ei ole muistikuvaa siitä miten on tullut talolle, Jorenin perheen mukana kyllä, mutta millä kulkuneuvolla, sitä hän ei muista. Kenties Jorenin ohjaamalla veneellä? Mutta laiturissa oleva vene ei ole se, vaan pienempi, ehkä alumiininen. Naiset nousevat siihen, ja Ilani ohjaa ylävirtaan. He ajavat aika vauhtia, vene nousee plaanaamaan ja meno tuntuu Aaslasta hurjalta, sillä joella alkaa olla aika pimeää. Hän ajattelee hetken huolissaan uppotukkeja mutta tajuaa heti huolehtivansa turhaan.

Pian Ilani kääntää veneen keulan kohti rantaa. Siinä on laituri, jolle Ilani kehoittaa Aaslaa nousemaan. – Tuo tie vie talooni, Ilani osoittaa. – Kun pääset pihalle, löydät tornille menevän polun pään talon joenpuoleisen nurkan takaa. Muistat varmaan sen?

Kun Aasla nyökkää, Ilani on jo peruuttamassa laiturista ja kiitää hetken kuluttua takaisin tulosuuntaan vetäen perässään valkoisia vaahtojuovia. Aasla kääntyy ja lähtee kulkemaan puolijuoksua pitkin valkoisen soran peittämää tietä. On jo niin pimeää, että ellei tie olisi valkoinen, sitä ei näkyisi. Onneksi se on valkoinen, joten Aasla voi kulkea niin nopeasti kuin huonoilta keuhkoiltaan kykenee. Matka talolle ei ole pitkä, ja Aasla löytää heti tornille vievän polun. Sitä ei ole peitetty valkoisella soralla, mutta lintujen laulu osoittaa yhä polun kulun. Aasla ei siis erota polkua, mutta hän seuraa linnunlaulua ja pystyy kulkemaan rivakasti. Pian torni häämöttää edessä, mutta Aasla tajuaa, että hänellä ei ole avainta. Hänen mieleensäkään ei tullut pyytää sitä Ilanilta. Sitten hän tajuaa, että Ilani olisi antanut sen pyytämättä, jos sitä tarvittaisiin.

Avainta ei tarvita. Tornin ovi ei ole lukossa. Aasla avaa oven ja astuu aikailematta sisälle.

16. Luku
jossa pelastettava osoittautuu vastahakoiseksi pelastettavaksi. Vaikeaan ongelmaan löytyy nerokas ratkaisu.

Akulko makaa yhä samassa paikassa missä Aasla näki hänet edelliselläkin kerralla. Mies näyttää huonolta. Verestävät, harmaat silmät ovat käyneet suuriksi ja painuneet kuoppiinsa, ja kasvojen luut näkyvät pelottavan selvästi parransängen alta. Hän katsoo ovella seisovaa Aaslaa kuin ilmestystä. Tuokion kuluttua kuivat huulet tavoittelevat hymyä, mutta se jää yritykseksi. Aasla menee vuoteen viereen ja katsoo Akulkoa tuntien ihmeekseen melkein enemmän ärtymystä kuin sääliä.

– Valehtelit minulle! Aasla tiuskahtaa ensimmäiseksi.

Akulko katsoo häntä oudosti. – Miten niin? Minusta tuntuu siltä että sinä tässä olet puhunut palturia. Jumala, muka. Hänen väsymyksestä melkein kuulumaton äänensä sisältää niin paljon halveksuntaa, että Aasla värähtää. Hän istahtaa vuoteen reunalle ja tarttuu miehen laihaan käteen tunnustellakseen pulssia. Se on pelottavan heikko.

– Et puhunut totta sanoessasi, että sinulla on vaimo Vitebskissä. Jos sellainen olisi, sinä olisit päässyt täältä pois. Mutta vaimoa ei ole. Lööperin laskettelu saattaa maksaa henkesi.

– Siltä tuntuu, Akulko mutisee.

– Et voi syödä etkä juoda täällä mitään, Aasla jatkaa. – Luulet että voit, mutta olet varmaan jo huomannut, että jano ei vähene vaikka joisit kuinka paljon.

– Totta, mutisee Akulko.

– En käsitä mitä valehtelemista vaimon olemassaolossa oli, Aasla jatkaa. – Minua ei kiinnostanut silloin eikä kiinnosta nytkään, onko sinulla vaimoa vai ei. Minua kiinnostaa vain keksiä keino, jolla saan sinut täältä pois ennen kuin heität henkesi.

– Parasta sitten pitää kiirettä. Akulkon äänessä on sarkasmia enemmän kuin on kohtuullista. Se suututtaa Aaslaa, mutta hän koettaa olla piittaamatta siitä.

– Voitko keksiä mitään kiintopistettä, johon voisit keskittyä? Vaimo olisi ollut niin hyvä siihen tarkoitukseen, jotenkin niin konkreettinen. Olisin tietenkin varoittanut sinua jos mieleeni olisi tullut, että valehtelet. Mitä valehtelemista sellaisessa asiassa edes on?

– Älä riehu, Akulko sanoo hiljaa. – En ole pyytänyt päästä tänne, missä sitten olemmekin.

– Minun päässäni! riehahtaa, Aasla, koska ei muuta voi.

Akulko kohottaa väsyneesti kättään ja antaa sen pudota takaisin. – Olen viettänyt kuljeskelevaa elämään, hän sanoo, – siitä asti kun Neuvostoliitto hajosi. – Olin ilmavoimissa, ja kun kaikki hajosi, piti vain koettaa selviytyä. Lentäjälle riittää maailmalla töitä, ja varsinkin Iljušinin... Vakituista kotia ei ole, asustelen milloin missäkin lentokenttien lähettyvillä. Kimppakämppiä, satunnaisia yöpymisiä kavereitten luona, sitä sellaista.

– Entä lapsuudenkotisi? Vanhemmat, sisarukset?

– Stalin hävitti sukuni aika tarkkaan, vanhempiani myöten. Sisaruksia ei ole. Eikä muita sukulaisia.

– Kai sinulla sentään on naisystäviä?

– Käyn huorissa.

– Joku vakipano sitten? Kai huorissakin voi olla vakipanoja?

– Voi. Oli, parikin, mutta ovat jo kuolleet. Toisen tappoi viina ja toisen autopommi.

– No jos ei ihmistä niin jokin paikka sitten? Jokin oikein mieluisa paikka? Kotimaassasi?

– Kotimaata ei enää ole. Lentokoneeni kyllä mutta sille kävi... Kappaleina pitkin vuorenkylcä. Mitenkähän miehistö... hänen äänensä vaimenee pois.

– Kuolleita, Aasla tokaisee. – Vain kapteeni on kateissa. Ei ole löytynyt jälkeäkään ruumiista. Siis sinusta.

– Eipä kai, mutisee Akulko.

Aasla nousee seisaalleen ja alkaa astella edestakaisin pienessä, pyöreässä huoneessa. Hän ajattelee ankarasti, käy läpi tosiasiat ja etsii epätoivoisesti ratkaisua. Hän tuntee itsensä avuttomaksi. Hän tuntee itsensä harvoin avuttomaksi koska on oppinut luottamaan vaistoihinsa. Intuitioonsa. Se opastaa hänet yleensä kuiville vaikka kuinka vetelästä suosta, kuvaannollisesti puhuttuna. Ja tämä vasta suo on, rannaton letto, vailla mättään nykyrääkään johon tarttua.

– Aloitetaanpa alusta, hän mutisee melkein itsekseen. – Mikä on varsinainen ongelma?

– Ongelma on se, että sinä olet surkea esitys jumalaksi, tuhahtaa Akulko. Hän on sulkenut silmänsä, koska on liian heikko pitämään niitä auki.

– Vaikkapa, mutta muuta jumalaa tällä maailmalla ei ole, Aasla tiuskaisee. – Pääset täältä kun keskityt johonkin kohteeseen omassa maailmassasi. Ainakin uskon niin. Minä itse kuljen sillä tavalla sieltä tänne ja täältä sinne. Sinä siis tarvitset kohteen. Ongelma on sellaisen puute.

Akulko kohauttaisi olkapäitään jos jaksaisi.

– Onhan sinulla pakko olla joku, jota kohtaan tunnet edes jotakin, Aasla sanoo. – Joku tai jokin. Ihan varmasti.

– Sinä, mutisee Akulko.

– Mitä?

– Sinua kohtaan tunnen jotakin. Puhdasta raivoa. Kuristaisin sinut jos jaksaisin.

Aasla pysähtyy kesken askeleen. Tosiaan. Onhan raivokin tunne, vieläpä voimakas. Hän menee kiihdyksissään vuoteen viereen. – Taisit ratkaista ongelman! On ihan mahdollista, että pääset täältä pois keskittymällä ajattelemaan minua!

– Joopa joo, mutisee Akulko.

– Ei kun ihan totta! Ainakin voisit yrittää! Minun pitää vain ensin palata kotiin. Koeta sinnitellä vielä vähän aikaa.

– Kuinka kauan?

– Sen verran vain että ehdin päästä täältä takaisin omaan maailmaani.

– Ja mistä minä tiedä, milloin olet sinne päässyt?

– Kun en ole enää tässä, olen siellä ja voit aloittaa.

– Entä mihin minä sitten joudun? Akulko kysyy silmät yhä kiinni.

– En tiedä, Aaslan täytyy tunnustaa. – Ehkä minun luokseni, mutta tuskin sentään. Eikö se riitä, että pääset oikeitten ihmisten maailmaan?

– Olen liian huonossa kunnossa, Akulko mutisee.

– Jos jäät tänne, kuolet ihan varmasti, Aasla sanoo armottomasti, – mutta jos pääset takaisin oikeaan maailmaan, sinulla on ainakin teoreettinen mahdollisuus selviytyä hengissä.

Akulko ei sano siihen mitään. Hänen hengityksestään kuulee, että hänellä on korkea kuume. Hän näyttää huonolta. Aaslan on pakko myöntää, että hänen selviytymismahdollisuutensa eivät näytä kummoisiltakaan jos hän joutuu vaikkapa vuoristoon. Mutta asiaa ei voi auttaa. Tämä on ainoa mahdollisuus. Muitakin saattaisi löytyä, jos olisi aikaa, mutta sitä ei ole.

– Hyvin se menee, Aasla sanoo rohkaisevasti. – Yritä edes. Yritäthän?

Akulko ei sano mitään.

– Sinun tarvitsee vain keskittyä ja ajatella minua, Aasla jatkaa. – Tuntea mielessäsi, miten ihanaa sinusta on kuristaa minut paljain käsin. Tarttua kurkusta ja puristaa. Ajattele sitä.

Akulko raottaa toista silmäänsä ja naulitsee sen Aaslaan.

– Sinulla ei ole pitkästi tuota kaulaa, hän huomauttaa.

– On sitä ihan tarpeeksi sinulle! Aasla tiuskaisee. – Minä poistun nyt. Tee parhaasi tai jää mätänemään tänne.

Akulko liikauttaa päätään tavalla, jonka voi – hyvällä tahdolla – tulkita nyökkäykseksi.

– Kun olet päässyt takaisin, koeta ottaa yhteyttä minuun, jos et saa mitään muuta apua.

– Selvä. Mene.

Aaslan jalat ovat puutuneet. Hän oikoo ne varovaisesti ja irvistelee pistelyä, jonka palaileva verenkierto saa aikaan. Hänen takamuksensakin on puutunut. Hän ei tiedä kuinka kauan on istunut kallionlaella, sillä hänellä ei ole kelloa. Aurinko on jo alkanut laskea, mutta näin kesällä se ei koskaan laske aivan kokonaan. Ilma on viilentynyt aavistuksen verran.

Aasla nousee seisomaan ja venyttelee. Hän kaivaa kaasunaamarilaukusta omenan ja mutustelee sitä ojennellessaan kihelmöiviä koipiaan. Hän ei uskalla lähteä laskeutumaan jyrkkää kalliota ennen kuin on varma siitä, että hänen jalkansa toimivat. Hän heittää omenankaran metsään – joku metsänelävä syö sen varmasti mielikseen – ja siemaisee vettä kenttäpullostaan.

Lähtiessään laskeutumaan kalliolta Aasla miettii, mahtoiko hänen käyntinsä Saarilla osoittautua onnistuneeksi. Hän muistaa tarkasti jokaisen hetken siitä, eikä voi olla tuntematta huolta venäläisen lentäjän puolesta. Pääseekö Akulko pois? Ja jos pääsee, mihin hän joutuu? En varmaan saa tietää sitä koskaan, Aasla ajattelee, ja ajatus murehduttaa häntä.

17. Luku

jossa Jernei kulkee taas raunioissa, kokee kummia ja tapaa merkillisen eläimen.

– Vjâz wáiše.

Jernei hätkähtää hereille vuoteessaan Ljubljanan yliopiston dormitoriossa.

Hänet herätti ääni, joka sanoi jotakin.

Se sanoi, muistaa Jernei hämmästyneenä ja unisena, "vjâz wáiše".

Sanojen merkitys on hänelle selvä: unien kammio.

Se on laefêvёšiä.

Hänen huonetoverinsa ei taatusti osaa sitä, mutta kuka muukaan olisi voinut lausua sanat?

Jernei kohottaa päätään ja katsahtaa huoneen toisella laidalla nukkuvaa huonetoveriaan. Hän tosiaan nukkuu, ilmiselvästi ja korvin kuultavasti. Joku kuitenkin puhui, ihan varmasti; Jernei kuulee vieläkin sanojen jälkikaiun korvissaan.

Hän vilkaisee kelloa – vasta puoli neljä – ja vetää peiton taas korvilleen.

Parasta jatkaa vaan unia.

Jernei vaipuu takaisin uneen, ja sinne häntä saattelee kuiskaus, joka on tuskin ajatusta äänekkäämpi.

– Vjâz wáiše, se sanoo, – *vjâz wáiše*.

Jernei kulkee hitaasti vanhan linnan – hänen pitää hetken miettiä ennen kuin nimi nousee mieleen – Delhójsin, raunioissa. Hän on Allétepilla, Samarkainian eteläisimmällä saarella. Tämäkin tieto nousee hänen tietoisuutensa syvyyksistä. Hänellä on tunne, että hän on kulkenut siellä ennenkin; milloin ja miksi, sitä hän ei jaksa muistaa.

100

Viidakko on melkein valloittanut rauniot. Paksuja puita kasvaa katoista läpi. Niitten lehvistöt huojuvat korkealla rapautuvien seinien yläpuolella. Koko linna ei kuitenkaan ole aivan raunioina. Jäljellä on vielä ydin, selvästi linnaksi tunnistettava osa. Siinä on korkeita, ylöspäin suippenevia, katottomia torneja. Ympärysmuuri on melkein kokonaan ehjä. Pihalla on sikinsokin erikokoisia kivenjärkäleitä. Jernei pujottelee varovaisesti niiden lomitse kohti pääovea, tai kohtaa, jossa pääovi on joskus ollut. Siinä kohdassa on vain aukko korkeuksiin kohoavassa kiviseinässä. Ovesta ei ole jälkeäkään missään. Ehkä se on ollut puinen, ja joutunut termiittien suihin.

Jernei astuu hyvin varovaisesti sisään oviaukosta. Hän katselee ympärilleen tuntien syvää, harrasta mielihyvää. Tämä paikka on paikka, jossa hän haluaa olla juuri nyt. Hän pysähtyy katselemaan ympärilleen. Tämä paikka on vanha, hän ajattelee. Täällä ei ole asunut ketään satoihin vuosiin. Ehkä tuhansiin... Ikivanhat rauniot huokuvat outoa ajattomuutta. Hän voisi unohtua tänne, piiloutua ajan vääjäämättömältä kululta, kätkeytyä murenevan marmorin sokkeloihin. Oudot patsaat katselevat häntä seinänvieriltä näkemättömin silmin. Ne muistuttavat ihmistä, mutta niissä on kuitenkin jotain vierasta. Ehkä asennossa, ehkä mittasuhteissa, Jernei ei ole siitä varma. Hänen katseensa vaeltaa patsaista ikkuna-aukkojen kaariin ja puuttuvan katon läpi pilkottavaan sinisyyttään hehkuvaan taivaaseen.

Seinissä on kirjoitusta. Jernei menee lähemmäksi tutkimaan sitä. Hän tunnistaa sen heti, se on laefêvëšiä, hänen omaa kieltään. Kirjaimet on upotettu marmoriin, niin että ne näyttävät kasvavan kivessä kuin jokin outo sammallaji. Hän tunnustelee kädellään kaunista upotustyötä ja lukee: Vjâz wáiše. Vjâz olîíačŗõjau. Hän ehtii lukea tekstin juuri ennen kuin se hajoaa, niin kuin unessa tapahtuu kun yrittää lukea jotakin.

Niitten merkitys on hänelle selvä: Unien kammio. Ajan pysähtymättömän virran kammio.

Vjâz wáiše?

Jokin liikahtaa hänen muistissaan mutta ei jaksa muotoutua ajatukseksi.

Jernei lähtee kulkemaan eteenpäin. Hän väistelee lattialle pudonneita marmorilohkareita. Ainakin ne näyttävät marmorilohkareilta, sellaisilta valkoisilta, joissa on vihertäviä suonia. Hän astuu avaraan tilaan, joka on joskus ollut valtava sali. Seinät kaartuvat huimaaviin korkeuksiin, mutta kattoa ei ole. Tämäkö on Unien kammio? Jernei ei usko sitä. Sali on liian suuri miksikään kammioksi. Hän jatkaa eteenpäin rikkonaisen lattian yli. Yhtäkkiä hän kuulee ääntä, jonkinlaista vaimeaa suhahtelua. Hän valpastuu ja hiipii eteenpäin, ääntä kohti. Hän tietää, että täällä voi olla vaarallisia eläimiä.

Jernei tulee seinässä olevan aukon kohdalle. Siinä on joskus ollut kivinen ovi; sen jäänteet makaavat yhä lattialla. Ääni kuuluu sieltä, sisältä. Hän kurkistaa varovaisesti sisään ja näkee matalan huoneen, jonka seinustoilla on leveitä kivipenkkejä. Katon keskellä on pyöreä aukko, josta näkyy sinistä taivasta ja lehteviä oksia. Keskellä lattiaa kyyristelee puuleopardi, Jernein mielestä kaikista kissapedoista kaunein. Se pieksää pitkää häntäänsä puolelta toiselle ja tuijottaa häntä keltaisilla silmillään. Sitten se loikkaa yhdelle penkeistä ja siitä ylös, suoraan katon aukkoon, ja katoaa näkyvistä. Se tapahtuu niin nopeasti, että Jernei ei ehdi kunnolla tajuta tapahtunutta. Hän seisoo kauan oviaukossa ja vain tuijottaa. Sitten hän astuu sisään ja alkaa tutkia kammiota.

Siinä ei ole kerrassaan mitään tutkimisen arvoista. Sen seinissä on kaiverruksia, mutta ne ovat niin rapautuneita, että Jernei ei osaa sanoa, ovatko ne joskus olleet kuvia vai kirjoitusta. Kivipenkit ovat keskeltä koveria, aivan kuin niitten päällä olisi maattu niin monta kertaa, että marmori on kulunut kuopalle. Lattia viettää hiukan keskikohtaansa päin, kohti kivilaattaa, johon on puhkottu ryhmä pieniä aukkoja. Jerneistä se näyttää viemärinkannelta. Kammion ilma on raikas, ja kammio itse ihmeen puhdas. Siellä ei ole edes tomua. Se kummastuttaa Jerneitä, sillä vanhat rauniot ovat muuten täynnä roskia, murentunutta kiveä ja kaiken verhoavaa tomua.

– Tämä se on, se Unien kammio, Jernei ajattelee, – ajan pysähtymättömän virran kammio. Hän istahtaa yhdelle kivipenkeistä ja sanoo sen ääneen: – Vjâz wáiše, vjâz olííačr̥õjau.

Se kuulostaa niin kauniilta, että hän toistaa sen monta kertaa. Hänen äänensä kaikuu oudosti kammiossa. Siellä ei ole mitään, mikä pehmentäisi hänen oudon sukupuoletonta ääntään. Hän toistelee lausetta kuin mantraa ja näkee mielessään, miten lattian rei'istä kohoaa kiehkuroina harmaata savua. Savu täyttää vähitellen kammion, kattoa myöten, ja kietoo hänet sisäänsä. Hän vetää sitä keuhkoihinsa. Siinä on mausteitten ja meren tuoksu. Hänen mielessään vilahtelee kuvia maista, joissa hän ei ole koskaan käynyt, hän kuulee kieliä, joita ei ymmärrä, hän tuntee tunteita, jotka eivät ole hänen omiaan, sillä hän ei ole tuntenut milloinkaan niistä ainuttakaan. Hänet valtaa haikeus, joka nostaa kyyneleet hänen silmiinsä ja pusertaa hänen rinnastaan kuivan nyyhkäyksen.

Hän kohottaa katseensa ja näkee puuleopardin tuijottavan häntä katon aukosta. Se laskee päänsä alemmaksi ja avaa suunsa. Jernein katsellessa ällistyneenä suusta purkautuu ulos pitkä valkoinen kaistale, joka liehuu kevyenä ilmassa. Se pitenee, ja siihen alkaa muodostua kirjaimia, sanoja, kokonainen lause. Jernein on vaikea lukea sitä, mutta yhtäkkiä hän pystyy näkemään sen kokonaan, yhdellä silmäyksellä. *Minä olen*, siinä lukee. *Löydä minut.*

Sitten hän tuntee, kuinka Rovka kiipeää ylös hänen paljasta käsivarttaan ja asettuu istumaan hänen olkapäälleen. Siihen hän herää.

Hän koettelee kädellään, mutta tietenkään sormet eivät tapaa muuta kuin hänen oman luisevan olkapäänsä.

18. Luku

jossa pohditaan hautaustapoja ja kaksi patikoijaa tekee löydön. Jernei lähettää tekstiviestin ja Aasla jättää rintaliivit ostamatta. Muuan nuori mies juoksee mereen.

– Muuten, minulla oli tosi outo kokemus hiljakkoin, siihen liittyi kummallinen unikin, Jernei kertoo Aaslalle. He ovat taas kerran jutustelleet tuntikausia Skypellä, laiskasti ja hajanaisesti, tehden kumpikin samalla omia töitään. Aaslalla on työn alla video, johon tulevia kuvia hän käsittelee, ja Jernei kehittelee uusia sanoja kieleensä.

– Millainen kokemus? Asla on heti täynnä uteliaisuutta. Unet kiinnostavat häntä. Niissä piilee aina enemmän kuin päältä näyttää. Ne ovat portti, josta pääsee pois tästä todellisuudesta toisiin, toisenlaisiin.

Jernei kertoo hänet aamuyöllä herättäneestä äänestä ja sitä seuranneesta unesta. – Se paikka oli ihmeellinen. Tiedäthän että rakastan raunioita, vanhoja, hylättyjä kaupunkeja, kaikkea sellaista... Siellä oli outo tunnelma, en osaa kuvailla sitä, jotenkin todellinen, ihan kuin se olisi ollut jokin historiallinen paikka, josta olen lukenut tai kuullut.

– Olet luonut itse sen saaren, joten kai sinulla on mielessäsi sen historiakin, Aasla sanoo. – Eikö se ole ihan luonnollista?

103

– Tietenkin, Jernei myöntää, – mutta siltikin... Entä se eläin, puuleopardi? Ja se mitä se viestitti minulle niin oudolla tavalla?

– Sinähän pidät puuleopardeista, Aasla huomauttaa, – olet itse sanonut niin.

– Kukapa ei pitäisi? Ne ovat upeita olentoja. Niin kauniita ja salaperäisiä.

– Totta, ja kyllähän minäkin pidän niistä. Ei ole mikään kumma että näkee unta sellaisesta mistä pitää. Mietin tässä vain... koska unesi oli niin kummallinen... voisiko se olla jonkun henkiauttaja? Sanoitko, että Rovka herätti sinut?

– En sanonut, koska herättäjä oli pelkkä ääni. Luulin ensin että se oli kämppikseni, mutta hän nukkui. Rovka oli kyllä siellä, siinä unessa. Tai kai siis voi sanoa että se herätti minut siitä kiipeämällä olkapäälleni. Sillä on pienet mutta terävät kynnet.

– Päästäiset ovat petoja. Tietenkin niillä on terävät kynnet.

He nauravat. Sitten Aasla sanoo: – Selvästikin jokin koettaa herättää huomiotasi. Tai joku. Onko sinulle tapahtunut viime aikoina jotain erikoista? Tai onko sinulla tiedossa jotain erikoista tulevaisuudessa?

– Ei tule heti mieleen muuta kuin tämä sinun kummallinen tapauksesi. Venäläinen lentäjä päässä! Jernei nauraa.

Aasla läpsäyttää kädet ohimoilleen ja puristaa päätään. – Älä hyvä ihminen! Olin unohtanut sen hetkeksi ja nyt muistutit siitä taas. Sinä pikku pirulainen! Hän purskahtaa yhtä sydämelliseen nauruun kuin Jerneikin.

– Meidän ei kyllä pitäisi nauraa, se on vakava juttu, hän sanoo sitten. – Miesparka. Jos hän ei päässyt pois, hän on nyt varmasti kuollut.

– Sinulla saattaa siis olla päässäsi kuollut venäläinen lentäjä, Jernei huomauttaa. – Mätänevä venäläinen lentäjä. Ei mitenkään kaunis mielikuva, eihän?

– Eipä kyllä, Aasla myöntää. – Mutta jos hän kuoli, kyllä hänet haudattiinkin.

– Millaiset hautaustavat Saarilla on? Jernei kysyy, ja he alkavat vertailla maailmoittensa hautaamistapoja. Jernein mielestä tapa kuopata vainajansa maahan tai upottaa meren syvyyksiin on outo niin sivistyneelle kansalle kuin saarelaiset. Aasla kertoo, että koska he rakastavat luontoa, he haluavat ruumiinsa palaavan takaisin sen kiertoon. – Liha ruokkii monta pientä olentoa maan povessa, hän hempeilee, – ja luut

104

lepäävät rauhassa maailman melskeiltä kunnes nekin sulautuvat maan luihin.

– Saat mätänemisen kuulostamaan melkein tavoittelemisen arvoiselta, Jernei virnistää.

– Kaikella on sijansa Kaikkeudessa, Aasla lausahtaa hurskaasti. – Kaikella on aikansa ja tarkoituksensa. Ainakin minun luomassani Kaikkeudessa. Sinun en niin tiedä. Samarkainialaiset näyttävät niin koppavilta että tuskin edes mätänevät kuoltuaan.

– Samarkainialaiset eivät piittaa siitä mitä ruumiille tapahtuu sen jälkeen kun he ovat jättäneet sen, Jernei selittää. – Se poltetaan ja tuhkan saa ripotella jonnekin tai nakata jäteastiaan tai säilyttää kipossa kirjahyllyn reunalla, ihan miten vain omaiset haluavat. Muuten, missä sinä olet heitä nähnyt?

– Saarilla, missä muuallakaan? Viimeksi heitä oli siellä luksusluokan valtameristeilijän täydeltä.

– Tosiaan, en vain tullut ajatelleeksi. Puhuivatko he laefêvëšiä?

– Tietenkin puhuivat. Se kuulosti kauniilta. Sointuisalta. He puhuvat sitä kauniimmin kuin sinä, itse asiassa.

– Tietenkin he puhuvat sitä kauniimmin kuin minä, sehän on heidän äidinkielensä. Minähän olen vain— Jernei vaikenee äkkiä.

—luonut sen, täydentää Aasla nauraen. – Mutta palataan vielä siihen sinun uneesi. Mitä se puuleopardi tarkalleen ottaen teki?

– Ei mitään. Hyppäsi reiästä katolle ja sitten tuijotti minua sieltä. Sillä oli kauniit silmät. Keltaiset.

– Ja se sanoi jotakin?

– Ei sanonut, vaan sen suusta tuli ulos nauha.

– Jossa oli tekstiä, aivan niin. Mitä kieltä se oli?

– Hyvä kysymys. En osaa sanoa. Minä vain ymmärsin sen. Se oli tarkoitettu minulle.

– Mistä niin päättelet?

– Siinähän luki 'minä olen'. Se on minun nimeni, etkö muka muista? Sukunimeni Semjaz on toisi päin jaz sem, joka tarkoittaa 'minä olen'.

– En minä osaa sloveniaa sen vertaa että olisin tajunnut tuota, Aasla tunnustaa. – Se siis käski nimenomaan sinun tehdä jotakin, niinkö?

– Niin, mutta seuraavaksi nauhassa luki 'löydä minut'. Minun ei tarvitse edes etsiä sitä vaan vain löytää, mikä se sitten liekin.

– Eikä sinulla ole mielessäsi mitään ongelmaa tai muuta jota tuo voisi tarkoittaa?

– Ei todellakaan.

– Mystillistä. Unet kuitenkin ovat usein sellaisia, niistä ei ota pirukaan selvää. Ehkä niin onkin parempi. Millainen tunnelma unessa oli?

– Outo, hyvin outo, Jernei sanoo hitaasti. – Se paikka todella oli ajan pysähtymättömän virran kammio... Minä *tunsin* kuinka aika virtasi sen kautta, ikuisesti, koskaan pysähtymättä kulussaan. En osaa selittää sitä... Jossain vaiheessa minua itketti. Se oli jotenkin niin haikeaa, alakuloista. En ole tuntenut koskaan aikaisemmin mitään sellaista. En usko että unohdan sitä ihan heti, jos koskaan.

He ovat vaiti kauan. Sitten Aasla sanoo: – Mielenkiintoista.

– Niinpä, huokaisee Jernei. – Saamme nähdä, mitä tuleman pitää. Jos mitään. Voimme vain odottaa ja katsoa.

– Niinhän se menee. Aina.

He ovat kulkeneet jo pari tuntia pitkin vuorenkuvetta kiemurtelevaa kapoista polkua. Lisa pyyhkii hikeä otsaltaan ja katsahtaa mieheensä, joka harppoo hänen edellään pitkillä koivillaan. Yhä vieläkin Lisan sydän sykähtää tietyllä tavalla kun hän katsoo Mattia. He ovat olleet naimisissa kohta kolme vuotta, eikä tunne ole heikentynyt tippaakaan. Matt on paras ja upein ja ainoa mies, jota Lisa on koskaan todella rakastanut. Mutta juuri nyt hän ei oikeastaan ajattele rakkautta vaan rakkoaan. Hänen pitää päästä pissalle ennen kuin käy vanhanaikaisesti.

– Matt! hän sanoo miehensä leveälle selälle, – odota vähän, käyn tuolla. Hän viittaa kallionnykyrää, joka ulkonee vuoren seinämästä vähän matkan päässä ylämäkeen.

– Mitä sinä siellä? Ai niin... Hyvä on, käväisehän, minä odotan tässä.

Matt pysähtyy ja auttaa rinkan vaimonsa selästä. Hän laskee kantamuksen maahan viereensä, riisuu omankin rinkkansa ja kyykistyy alas kantapäittensä varaan. Aurinko paahtaa armottomasti loivasti nousevaa rinnettä. Ylempänä nousu jyrkkenee muuttuen kaukaisuudessa rikkonaisiksi huipuiksi, jotka näkyvät helteen vaalentaman taivaan sineä vasten uhkaavan rosoisina. Vielä tunti ja he pysähtyisivät syömään lounaansa, jonka majatalon emäntä pakkasi aamulla huolehtivaisesti heille mukaan. Vasta illansuussa tällä vauhdilla he saapuisivat seuraavaan etappiinsa, vuoren kainalossa nököttävään alppimajaan.

Matt nauttii ilmasta, kuumuus ei haittaa häntä vähääkään. Hän on kotoisin Teksasista ja tottunut helvetillisiin helteisiin. Nämä Keski-Euroopan vuoret ovat hänestä tavallaan eksoottisia mutta eivät vedä vertoja Grand Canyonille. Lisa kyllä pitää kaikkea täällä ihmeellisenä. Hänen takiaan Euroopan puolelle tultiinkin. Pitihän tytön päästä näkemään maailmaa, sellainen takametsien tyttö kun oli. Kirkaisu viiltää ilmaa, tosiaan viiltää; Lisalla on normaalistikin heleä ääni. Nyt siinä on lisänä säikähdyksen ja pelon terä. Matt on seisaallaan ennen kuin ehtii tietoisesti edes harkita nousemista kyykkyasennostaan ja juoksee kohti kallionlohkaretta, jonka takaa hänen vaimonsa peruuttaa housut laskettuina puolireiteen ja kädet painettuina suulle.

– Lisa! Mitä siellä on?

Lisa näyttää suuntaa toisella kädellään, toinen edelleen suun peittona. – Siellä on ruumis! Kuollut mies!

Niinpä onkin. Puoliksi soraan peittynyt mies makaa siellä. Matt menee epäröimättä lähemmäksi ja kumartuu tutkimaan miestä. Vaikka hän näyttääkin kuolleelta, elävä hän silti on. Laiha rinta kohoilee hitaasti repaleisen khakipaidan alla. Kasvot ovat kapeat ja tummuneet, pelkkiä lommoja ja teräviä luita. Matt tunnustelee pulssia kaulan sivusta ja tuntee kevyen lepatuksen sormiaan vasten.

– Elossa tämä on mutta huonossa kunnossa, hän sanoo. Hän nousee ja kaivaa kännykkänsä esille. – Mahtaneeko täällä olla kenttää? Meidän täytyy hälyttää pelastuspartio.

Lisa tärisee yhä järkytyksestä, ja saatuaan viestinsä perille pelastuspartioille, Matt kääntyy hänen puoleensa.

– Älähän nyt, kulta, hän sanoo lempeästi, – ei hän ole kuollut. Sinulla on housut vielä puolitangossa. Käyhän tuolla syrjemmällä ennen kuin pelastajat tulevat. Helikopteri ehtii tänne hyvin nopeasti.

Lisa naurahtaa, mutta naurussa on vielä hiukan hysteerinen säväys. Hän siirtyy kuitenkin kauemmaksi ja kyykistyy matalan puskan taakse. Hän on tuskin ehtinyt saada asiansa toimitettua kun säksätys alkaa kuulua, ja pian punavalkoinen helikopteri ilmestyy näkyviin.

– Se ei pysty laskeutumaan tänne, Matt mutisee. – Rinne on liian jyrkkä.

Mutta helikopteri on pieni ja sen lentäjä on taitava. Hän laskee koneensa taitavasti hieman alempana olevalle hädin tuskin riittävän suurelle tasaiselle kohdalle. Kaksi miestä juoksee heidän luokseen.

Matt opastaa heidät onnettomuuden uhrin luokse. Lisa pysyttelee kauempana kasvot vieläkin kalpeina.

Tuossa tuokiossa potilas on paareilla ja viety helikopteriin. Matt antaa kännykkänsä numeron ja kertoo, missä heidän on tarkoitus yöpyä. Helikopteri nousee ilmaan ja katoaa pian näkyvistä.

– Mahdammeko koskaan saada tietää hänestä mitään? Lisa sanoo vieläkin hieman värisevällä äänellä kun he alkavat asetella rinkkojaan takaisin selkään.

– Kyllä meitä toki vielä kuulustellaan, Matt toteaa. – Silloin voimme kysyä, miten hänen kävi.

– Toivottavasti, Lisa sanoo. – En ymmärrä, miten hän voi maata sellaisessa paikassa. Mistä hän on sinne ilmestynyt? Eihän hänellä ollut mitään retkeilyvarusteitakaan.

– Ehkä hän oli paikkakuntalainen, Matt arvelee.

– Kai häntä olisi joku kaivannut ja etsinyt.

– Ehkä häntä onkin etsitty, mistä me tietäisimme. Oli miten oli, hän on nyt hyvissä käsissä. Älä nyt enää murehdi, kulta pieni. Se on turhaa. Täällä on niin kaunista. Kävellään vielä joku kilometri ja pysähdytään sitten syömään.

– Niin. Jatketaan vaan eteenpäin. Lisa pystyy jo hymyilemään miehensä huolestuneelle ilmeelle. – Ei minulla ole hätää.

Aasla ja Iris istuvat Stockmannin kahviossa oikomassa jalkojaan pitkän ja perusteellisen shoppailutuokion jälkeen. Kummallakin on edessään kupillinen mustaa kahvia ja viineri. Kumpikin tuntee huonon omantunnon vihlaisun viinerin takia, mutta ei niin pahaa että se pilaisi heidän nautintonsa. He ovat hypistelleet useamman tuhannen euron edestä muotivaatteita, meikkejä ja kenkiä. Ostaneet he eivät ole mitään, joskin Iriksen oli vaikea panna takaisin rekkiin tumman tiilenpunaista silkkijakkua, jota hän kokeili kauan ja hartaasti.

– Mikset osta sitä kun kerran tykkäät siitä? kysyi Aasla, mutta Iris pudisteli päätään.

– Se on liian punainen, hän sanoi. – Tässä iässä ei pidä enää käyttää punaista.

– Hullu ajatus, nauroi Aasla. – Kuka sen määrää mitä väriä saa tai ei saa käyttää missäkin iässä? Emmehän me elä missään huivipäitten valtakunnassa. Tuo sävy sopii sinulle tosi hyvin.

Iris pudisteli pahoitellen päätään.

Sen verran hän sentään antoi periksi että lupasi harkita asiaa.

– Kun et vain harkitsisi niin kauan että se ehtii mennä pois muodista, Aasla varoitti. – Silloin se ei enää kelpaa sinulle, se on varma.

– En minä ole mikään muodin orja, Iris tuohtui. – Minulla on hyvinkin kaksikymmentä vuotta vanhoja pukuja joita käytän yhä.

– Joo, Chanelia, nauroi Aasla. – Ne puvut eivät mene ikinä pois muodista.

– Minä pidin sitä sijoituksena, Iris sanoi arvokkaasti. – Ajattelin jo nuorena, että köyhän ei kannata ostaa halpaa.

Mutta nyt he siis pitävät hyvinansaittua taukoa. Seuraavaksi heillä on tarkoitus mennä Wiklundille, ja sieltä kenties vielä vilkaista halpaketjujen kaupat, sellaiset kuten H&M ja Lindex. Aasla on vähän miettinyt rintaliivien ostamista. Iris ei ostaisi ikimaailmassa niitä halpakaupoista, mutta hänellä onkin varaa kunnollisiin, toisin kuin Aaslalla. Vaikka ehkä sekin on priorisointikysymys.

– Oletko tullut ajatelleeksi, kysyy Aasla, – miten moni asia riippuu siitä minkä arvon sille antaa? Niin kuin nyt rintaliivit.

– Rintaliivit? Iris ei pysy Aaslan ajatusten perässä.

– Tarkoitan niitten hintaa ja laatua, selittää Asla. – Jos haluaa hyvät, niistä pitää maksaa hirveän paljon. Halpoja saa halvalla, mutta ne eivät kestä pyhätöntä viikkoa, eivätkä tue vähääkään runsaampaa povea.

Iris silmäilee Aaslan etumusta kuin arvioiden poven runsautta.

– Jos ei ole varaa kunnon liiveihin, rintamus menettää ryhtinsä ennen kuin ehtii päästä ripiltä, Aasla jatkaa. – Siksi kannattaa miettiä mihin käyttää rahansa. Voi esimerkiksi jättää jotain joutavampaa ostamatta ja säästää niin kauan että pystyy ostamaan kunnon rintsikat.

– Järkevä ajatus, mutta miksi sinä itse sitten ostat omasi halpakaupoista?

– En pysty priorisoimaan enää yhtään enempää, virnistää Aasla. – En voi syödä enää yhtään halvempaa ruokaa ja silti pysyä terveenä.

– Kyllä sinulla on vararasvaa ihan riittävästi, Iris tuhahtaa, – sen verran ainakin että ehdit säästää kunnon liivien hinnan.

– Se on priorisointijuttu, ja minä olen ajatellut sen niin että ruoka on tärkeämpää kuin tissit.

Naiset nauravat melkein hervottomina. Äkkiä Aaslan taskussa kilahtaa. Hän laskee viinerinsä lautaselle ja kaivaa kännykän esille. Luettuaan viestin hän rypistää otsaansa kummastuneen näköisenä.

– Mitä siellä on? Iris kysyy katsellen hänen ilmettään.

– Viestissä lukee: našli so ga.
– En ymmärrä. Mitä kieltä se on? Venäjääkö?
– Ei, vaan sloveenia. Jerneiltä.
– Siltä hupipojaltasi? Iris hymyilee.
Aasla ei hymyile, mulkaisee vain Iristä otsa yhä syvissä rypyissä. –
Jerneiltä. Ihmettelen vain, miksi hän kirjoittaa sloveeniksi ja monen
huutomerkin kanssa.
– Kaipa hän on innoissaan jostakin, arvelee Iris. – Mitä hän sitten
sanoo?
– Hän sanoo 'hänet on löydetty'. Ainakin luulen että se tarkoittaa
sitä. Sloveniani ei ole hääppöistä. Aaslan otsa siliää ja hän huudahtaa: –
Hänet on löydetty! Nyt tajusin! Hänet on löydetty! Ei ihme että Jernei
on innoissaan.
– Kopsis, putosin kärryiltä. Kenet on löydetty?
– Et sinä toki voikaan tietää siitä mitään, Aasla sanoo. – Muuan yh-
teinen ystävämme oli kateissa, ja nyt hänet on löydetty. Aasla naputtaa
kiivaasti vastausviestiä. – Kysyn tarkempia tietoja. Kuule, en ehdikään
jatkaa shoppailua. Minun täytyy lähteä kotiin, tietokoneelle. Tämä on
hirveän tärkeä juttu. Rintsikat kerkiän ostaa toistekin.
– Juo nyt edes kahvisi loppuun, ei kai sinulla niin kiire voi olla
– Olet oikeassa, juodaan kahvit rauhassa. Ei tässä sentään suden se-
lässä olla.

Aasla kiiruhtaa bussiin ja köröttelee kotiin. Häntä raivostuttaa taas
kerran bussin hidas kulku. Mokoma kiertelee takametsien kautta, siltä
hänestä ainakin tuntuu. Kärsimättömyys korventaa häntä. Akulko on
löytynyt! Jernein tekstiviesti ei voi tarkoittaa mitään muuta! Mistä,
koska, miten hänet on löydetty? Missä kunnossa hän on? Elossa hän
varmaankin on, muuten Jernei olisi maininnut siitä.
Aasla melkein juoksee pysäkiltä kotiinsa sadatellen kipeitä polviaan
ja kömpelyyttään. Hissi on ylimmässä kerroksessa. Sen hidas tulo
pohjakerrokseen saa verenpaineen kajahtamaan ylätappiinsa. Liiku
liukkaammin! Aasla äsähtää sille. Portaita laskeutuva patamusta nuo-
rukainen – uusia asukkaita talossa – katselee häntä huolestuneen näköi-
senä, joten hän pakottautuu hymyilemään ja tervehtimään ystävällisesti
riuhtaistessaan hissin oven auki. Hän kaivaa avaimia esiin hissin kolku-
tellessa ylös.

Vihdoinkin hän on kotona, ripustaa avainnipun ketjustaan ovenkah-
vaan, potkaisee kengät pois ja ryntää napsauttamaan tietokoneen auki.
Vanha romu ei pidä kiirettä havahtumisellaan. Hän ehtii mutista itsek-
seen monta kannustavaa mutta rumaa sanaa ennen kuin kone on siinä
kunnossa, että hän voi avata Skypen. Jernei ei ole linjoilla, mutta Aasla
kirjoittaa hänelle viestin. Saahan Jernei sen heti kun tulee luennolta, tai
missä hän liekin. – Kerro tarkemmin! Mistä hänet löydettiin? Missä
kunnossa hän on? Mistä kuulit että hänet on löytynyt? Aasla naputtaa
kysymyksen toisensa jälkeen harmitellen huonoa muistiaan, josta pitää
kaivaa kuin hohtimilla englannin sanoja. Sormet kompastelevat toisiin-
sa ja tuottavat kirjoitusvirheitä aivan solkenaan. Aasla korjailee virheet
huolellisesti ennen kuin lähettää viestinsä. Sitten hän huokaisee syvään,
nousee koneelta ja menee keittiöön lataamaan kahvinkeittimen. Kahvi-
ossa hätäisesti kulautettu kupillinen ei riitä mihinkään tällaisessa tilan-
teessa.

Aasla käy ylikierroksilla kiihtymyksestä; kahvimuki tärisee hänen
kädessään niin että hänen on istahdettava pöydän ääreen jottei loiskut-
taisi kaikkea rinnuksilleen.

Akulko on löytynyt!

Hän toistelee sitä kuin jotain mantraa siemaillessaan kahviaan. Mi-
ten ihmeellistä! Miten hirveän ihmeellistä ja ihanaa!

Minä tein sen! Pelastin hänet!

Vai pelastinko? Eiköhän hän tehnyt sen itse?

Liekö sillä väliä! Pääasia on se, että hän ei ole enää Saarilla.

Minun päässäni.

Marten Jest viettää ylen harvinaista vapaapäivää rannalla. Hän istuu
pyyhkeensä päällä ja tahkoaa hajamielisesti aurinkovoidetta iholleen.
Se on melkein vitivalkoinen ja palaa helposti. Itse asiassa se punertaa
jo, vaikka hän ei ole ehtinyt olla auringossa kuin hetken. Hänellä ei ole
aikaa istuskella auringossa. Opintoihin kuuluva harjoittelujakso Tori-
non suuressa CTO-sairaalassa on vaativa; päivät ovat pitkiä ja yö-
päivystykset viimeistään tiristävät miehestä mehut. Silloin ei tule
mieleenkään rannalle meneminen, hyvä kun jaksaa raahautua kämpälle
nukkumaan. Onneksi tämä vaihe menee aikanaan ohi. Jakso on vaativa,
mutta Marten pitää haasteista. Sitä paitsi hän on tiennyt lapsesta asti,
että hänestä tulee lääkäri. Hänen kätensä tiesivät jo silloin mitä pitää
tehdä, kun ne koskettelivat vammautunutta tai sairasta, olipa se ihmi-

nen tai eläin. Hänellä on ihmeelliset, herkät parantajat kädet, mutta hän ei ole koskaan halunnut ruveta miksikään puoskariksi.

Hän on aina halunnut opiskella oikeaksi lääkäriksi.

Edessä välkkyy kesähelteinen merenselkä. Kuumuus väreilee sen yllä. Marten siristelee silmiään nähdäkseen paremmin veneet, jotka kääntelehtivät rauhallisesti ankkurikettinkiensä varassa tai ajavat joka suuntaan, monet purjeilla. Kaukana taivaanrannassa kyntää loputonta tietään eteenpäin suunnaton konttilaiva. Sen kulmikas siluetti on melkein musta armottomassa auringonvalossa.

Ja sitten Marten tuntee olkapäällään kevyen hipaisun ja hymähtää itsekseen.

Ne ovat tulleet taas.

Hän nousee pyyhkeeltään ja juoksee mereen. Hän arvelee näyttävänsä hassulta, jos joku rannalla olevista monista ihmisistä sattuisi katsomaan häntä juuri silloin: luiseva nuori mies, jonka ympärillä lepattelee perhosia.

Niin. Perhosia.

Hän vetää niitä puoleensa, mutta ei tiedä, miksi. Kukaan ei ole osannut selittää sitä hänelle. Hänessä täytyy olla jokin ominaisuus, joka vetää niitä puoleensa. Ehkä minusta tihkuu ulos jotain tuoksua? hän miettii, kuten on miettinyt monta kertaa ennenkin. Feromonia, jota perhoset eivät voi vastustaa? Perhoset, koit, kiitäjät, kehrääjät, ne kaikki rakastavat häntä. Kai niin täytyy ajatella, että ne rakastavat, hän ajattelee ironisesti. Eikö jokainen olento haluakin olla sen lähellä, jota rakastaa? Tai ainakin pitää houkuttelevana?

Marten sukeltaa lämpimään, suolaiseen veteen ja ui kauas selälle. Vesi on kirkasta ja puhdasta. Hän kääntyy kellumaan selälleen ja antaa katseensa upota taivaan kirkkaaseen sineen. Pilven hitustakaan ei näy missään. Aurinko paahtaa kuin hullu. Hän antaa veden kannatella itseään ja vaipuu sen syleilyyn niin rentona kuin suinkin voi. Vähäisten laineitten keinutus tuudittelee häntä ihanan leppoisasti.

On mahtavaa saada olla vain, juuri siinä, taivaan sinisen, suunnattoman silkkikupolin alla, ilman että kukaan vaatii häneltä mitään.

Perhoset ovat jääneet rannalle, ja kun Marten palaa sinne itsekin, missään ei näy ainuttakaan siipiniekkaa. Hän asettuu selälleen pyyhkeelleen, heittää laihan käsivarren silmilleen ja ummistaa ne.

Kyynärpäässä tuntuu kevyt hipaisu.

Ensimmäinen perhonen on palannut.

Marten hätkähtää hereille. Hän on torkahtanut, eikä se ole viisasta paahtavan auringon alla. Hän nousee istumaan ja huomaa viereensä, aivan liian lähelle, asettuneen nuoren naisen. Tyttö kaivelee rantakassistaan auringonsuojavoidetta tietäen hyvin, että Marten katselee häntä. Hän on tottunut siihen, että miehet katsovat häntä arvostellen, ja arvostaen. Hän on kaunis tyttö, kaitaluinen mutta muodokas pikkuisissa, turkooseissa bikineissään. Hän heilauttaa pitkän, melkein luonnottoman valkoisen tukkansa itsetietoisella eleellä hartioitten taakse ja alkaa levittää voidetta kullanruskeille, hoikille reisilleen.

Marten tietää, että tämä on nyt se hetki, jolloin hänen pitäisi tarjoutua rasvaamaan tytön kapea selkä. Tyttö vilkaiseekin häntä toisen kulmakarvan kaari aavistuksen verran koholla. Sen ilmeen Marten tuntee hyvin. Hän on tottunut – ja lopen kyllästynyt – näihin tyttöjen alati toistuviin huomionkerjäämiskuvioihin. Hän sanoo niitä soidintanssiksi. Tyttö näyttää kyllä hauskalta; hänellä on pienet, pirteät kasvot ja pyöreät, siniset silmät. Tukan jakaus on juuri oikeassa kohdassa vasemman silmän yläpuolella, ja otsatukka on kammattu ylös korkealta otsalta. Martenilla ei kuitenkaan ole aikaa, eikä tämä tyttö kiinnosta häntä.

Huomattuaan, että Marten ei aio tehdä tuttavuutta, tyttö mutristaa sydämenmuotoista suutaan ja pudottaa aurinkolasit päälaelta silmilleen.

Marten väläyttää tytölle lämpimän hymynsä, jossa on hiven pahoittelua jottei tyttö tuntisi itseään ylenkatsotuksi, ja alkaa kokoilla tavaroitaan. Hän haluaa ehtiä haukkamaan jotakin ennen kuin ryntää junalle.

Hän lähtee rannalta huiskien kävellessään hajamielisesti kauemmaksi pientä, hopeanvälkkeistä perhosta, joka yrittää itsepintaisesti laskeutua hänen nenälleen.

19. Luku

jossa Aasla on vaarassa ruveta pureskelemaan kynsiään ja Jernei auttaa muistamatonta miestä muistamaan kummallisia asioita.

Tietokone päästää pikku piipahduksen sen merkiksi, että joku on linjoilla. Se on Jernei, vihdoinkin. Aasla laskee kahvimukin heti kädestään ja avaa yhteyden nuoreen ystäväänsä.

113

– Jernei! Uutisesi oli mahtava! Mistä sait tietää, että Akulko on löytynyt?

– Kuulin radiosta että Italian Alpeilta on löytynyt loukkaantunut mies. Amerikkalainen patikkaseurue löysi hänet. Tutkin juttua tarkemmin netistä. Hänet on kuljetettu Torinoon, siellä on suuri sairaala johon pelastushelikopterit vievät vuoristosta löytyneet loukkaantuneet.

– Onko löytöpaikka lähellä sitä paikkaa, johon lentokone putosi?

– Ei todellakaan. Se tässä niin kummallista onkin. Miehen nimeä tai kansalaisuutta ei tiedetä, mutta kuka muu se voisi olla kuin sinun Akulkosi?

– Mitä tarkoitat?

– Ketään muuta ei ole kateissa vuoristossa, ainakaan nettitietojen mukaan. Toisaalta kukaan ei tiedä, miten mies joutui siihen paikkaan. Hänellä ei ole mitään tavaroita, ei papereita, ei mitään. Hän ei puhu. Ja hän on huonossa kunnossa. Oli ainakin löydettäessä. Nälkäkuoleman partaalla.

– Akulko ei voinut syödä eikä juoda mitään Saarilla. Hän luuli että voi, mutta se oli vain illuusio. Siksi hänet piti saada sieltä pois.

– Se oli täpärällä, Jernei sanoo. – Jos se nyt tosiaan on hän. Se ei ole vielä varmaa. Karabinieeri on pyytänyt yleisön apua hänen tunnistamisekseen.

– Sinun pitää mennä käymään siellä, Aasla sanoo mietittyään hetken. – Luuletko, että sinut päästetään tapaamaan häntä?

– Voin ainakin yrittää. Torino ei ole kauhean kaukana.

– Lähetän sinulle rahaa matkalippuja varten, Aasla lupaa.

– Hienoa, kiitos. En olekaan kovin väljissä varoissa, Jernei tunnustaa.

– Tiedän, enkä minäkään ole, mutta tämä on niin tärkeä asia että emme voi jättää tätä puolitiehen ainakaan rahan takia.

– Totta. Miten tunnistan hänet? Onko hänessä jokin erikoinen tuntomerkki?

– Ei, hän on niin tavallisen näköinen kuin olla voi. Hirveän laiha kyllä. Ei kovin pitkä, ehkä sataseitsemänkymmentäviisi tai hiukan yli. Laihat kasvot, ja, ai niin, hänellä on kuoppa leuassa.

– Kuten miljoonalla muulla, virnistää Jernei.

– Niinpä kyllä. En minä muista edes hänen silmiensä väriä. Jotain sinistä tai harmaata niissä oli. Nyt muistankin, että hänellä oli oikein kaunis suu.

114

– Millä lailla kaunis?

– Sellainen suudeltavan näköinen.

– Miltähän moinen mahtaa näyttää? Enpä muista että sellaista olisi koskaan osunut vastaan. Jernei kuulostaa epäileväiseltä.

– No sitten se ei ehkä käy tuntomerkiksi. Annahan kun mietin... Tumma tukka, tukanraja aika korkealla otsalla menossa. Nenä pitkä ja kapea. Ihan tavallisen näköinen mies.

– Ei tuosta ole juuri apua.

– Ei niin. Mutta jos tosiaan pääset puheisiin hänen kanssaan, kysy häneltä, onko hän Sergei Akulko.

– Tietenkin kysyn, mutta entä jos häneltä on mennyt muisti?

– Sinun on pakko kokeilla, eikö niin? Kysy häneltä, muistaako hän minut. Tai ainakin sano hänelle minun nimeni. Kysy, muistaako hän miten pääsi pois sieltä missä oli? Jos hän sen tietää, hän on ihan varmasti Akulko.

– Mitä hänen siis pitäisi tietää?

– Että hänen piti kuvitella kuristavansa minut hengiltä, vastaa Aasla.

– No olihan menetelmä! puuskahtaa Jernei.

– Hän moitti kaulaani lyhyeksi, muistelee Aasla. – Sanoin, että se on tarpeeksi pitkä hänen tarkoitukseensa.

– Selvä. Teen parhaani. Alan ottaa selvää lentolipuista, lupaa Jernei.

– Tai jos sinne menee sopiva juna, voin käyttää sitä.

– Hyvä on. Koetan olla järsimättä kynsiäni kyynärpäihin asti odotellessani uutisiasi.

– Mitä? Järsitkö tosiaan kynsiäsi? Sinä?

– No en, mutta eihän sitä koskaan tiedä milloin kohtaus iskee.

– Tuskin sinulla on sitä vaaraa.

– Sinä et tiedä minusta mitään jos luulet niin, Aasla nauraa.

– En kai sitten.

Jernei kuulostaa kumman epäilevältä.

Torino. CTO.

Jernei seisoo sairaalavuoteen vieressä suuressa potilashuoneessa. Huoneessa on muitakin potilaita, mutta vuoteet on erotettu verhoilla toisistaan. Vuorilta löytynyt tuntematon mies makaa kauimpana huoneen takaosassa, ikkunoitten alla. Jernei katselee häntä. Mies näyttää nukkuvan. Hänen silmänsä ovat kiinni. Hän vastaa suurinpiirtein Aaslan antamaa kuvausta Akulkosta. Kyllä vain: tumma tukka, pit-

115

känomaiset kasvot, leuassa sängen alla kuoppa. Jernei ei oikein tiedä, mitä hänen pitäisi tehdä. Hän yskähtää varovaisesti. Ei reaktiota. Hän hipaisee kevyesti kättä, joka lepää valkoisen sairaalalakanan päällä. Mies hätkähtää ja hänen silmänsä ponnahtavat auki. Katse harhailee hetken, osuu sitten häneen ja jää kiertelemään hänessä.

– Akulko? Jernei sanoo kysyvästi, – Sergei Akulko?

Mies rypistää korkeaa otsaansa, mutta pysyy muuten ilmeettömänä. Hän näyttää arvioivan Jerneitä ja selvästikin ihmettelee, kuka hän on.

– Kuka sinä olet? hän kysyy sitten, englanniksi.

Jernei esittäytyy ja sanoo: – Aasla lähetti minut. Hän haluaa tietää, oletteko Akulko.

– Aasla?

– Niin. Muistatteko mitään?

Mies pudistaa päätään ja irvistää. Liike ei tee hyvää hänen päälleen, sen huomaa.

– Aasla uskoo, että olette venäläinen lentäjä Sergei Akulko. Lensitte ukkosmyrskyyn, kone putosi ja jouduitte—

– Aasla, niin… miehen ääni kuulostaa värittömältä. Hän puhuu hitaasti, sanoja tapaillen. – Siellä oli naisia... ja sitten tuli hän. Kaikki oli hänen syytään. Niin hän sanoi. Hän on jumala, niin hän sanoi. Kaikkivaltias.

Miehen kasvoille kohoaa omituinen ilme, lähes mielipuolinen. Katse harhailee taas ympäri seiniä, kattoa, Jerneitä. – Olin varma että olin seonnut lopullisesti. Akulko? Sanoitko niin?

– Sanoin. Sergei Akulko. Lentäjä.

– Ja millähän minä lensin?

Jernei miettii hetken. Mitä Aasla olikaan sanonut? – Iljušinilla. Venäläisellä rahtikoneella.

Mies sulkee taas silmänsä. Hänen kulmakarvansa liikahtelevat kun hän rypistelee taas otsaansa. Hän on niin laiha ja riutunut että tekee tuskin minkäänlaista kohoumaa peitteenään olevaan lakanaan.

– Sitten en ainakaan tappanut matkustajia, hän mutisee pitkän hiljaisuuden jälkeen. – Niin. Aivan. Kyllä vain. Niin se on. Minä olen Sergei Alkulko. Olen epäillyt… luullut että hourailen ja että olen joku muu… jossain muualla…

Silmät räpsähtävät auki ja mielipuolinen ilme on nyt kokonaan poissa. Silmämunat verestävät, mutta katse on ihmeellisen kirkas ja kuuma,

116

kuin hitsausliekki. – Poika, minä alan muistaa. Se pirun sikiö naiseksi väitti, että... Hänen äänensä vaimenee.

– Niin? kannustaa Jernei.

– Se nainen väitti, että me olemme hänen päässään.

– Miten pääsitte sieltä pois? kysyy Jernei muistaen Aaslan neuvon.

Akulko kohottaa laihat kätensä sormet koukussa kuin petolinnun kynnet. – Minun piti kuristaa se noita kuoliaaksi, hän sanoo käheästi. – Ja sen teenkin omin käsin kunhan tapaan sen.

Kädet putoavat lakanalle voimansa menettäneinä. Sitten Akulko kysyy: – Tunnetko sinä hänet?

Jernei nyökkää. – Tunnen kyllä. En ole tavannut häntä, mutta olemme usein yhteydessä netin kautta. Ei hän ole mikään noita.

– Sitten tiedät hänen osoitteensa?

Jernei epäröi sekunnin murto-osan ennen kuin vastaa: – Tiedän, mutta...

Akulko naurahtaa ilottomasti. – Mutta et anna sitä minulle koska aion tappaa hänet.

Jernei ei ehdi vastata, sillä potilashuoneen ovi aukeaa ja sisään astuu valkoiseen lääkärintakkiin pukeutunut nuori mies. Hän tulee kevyin askelin Akulkon vuoteen luo ja seisahtuu sen toiselle puolelle. Hänen hymynsä on lämmin ja tuntuu tulevan suoraan sydämestä hänen katsoessaan Jerneitä ja nyökätessään tervehdykseksi.

Jernei huomaa katsovansa epätavallisen suuriin, tummansinisiin silmiin. Nuoren miehen ruskea tukka taipuu otsalla pehmeille laineille. Kasvot kapenevat korkeilta poskipäiltä leuaksi, jonka tienoilla on havaittavissa säväys itsepäisyyttä. Nenä viittaa balkanilaiseen verenperintöön, ja leveä suu on kaunismuotoinen. Alahuuli on täyteläisempi kuin ylähuuli, jonka kaari ilmentää tunteikasta herkkyyttä. Hän on miltei liiankin laiha, ja suurin piirtein saman pituinen kuin Jernei. Hänen kaulassaan on henkilökortti, jossa lukee M. Jest.

Häntä katsoessaan Jernei tuntee lämmön tulvahduksen ruumiissaan. On kuin hän olisi nielaissut jotain kuumaa ja makeaa. Hän ei ole milloinkaan aikaisemmin tuntenut mitään tällaista. On kuin jokin olisi iskenyt häntä palleaan niin että hän ei saa hetkeen vedetyksi henkeän. Ja sitten tulee kipu, mutta suloinen, saaden hänen ruumiinsa tuntumaan kauttaaltaan elävältä, elävämmältä kuin koskaan ennen.

On kuin hän olisi syttynyt tuleen.

Tai herännyt unesta. Todella herännyt.

Ensimmäisen kerran elämässään.

– Miten täällä voidaan? Nuori lääkäri kumartuu potilaan puoleen ja tunnustelee pulssia laihasta ranteesta.

Akulko katselee häntä ja sanoo kiihtyneellä äänellä: – Tämä nuori mies auttoi minua muistamaan nimeni. Muistan sen nyt. Nimeni on Sergei Akulko. Lensin koneeni vuorenseinään. Sitä en kyllä muista. Siellä oli ukkosmyrskyrintama. Sen muistan. Minun pitää päästä pois täältä. Heti paikalla.

Hänen sanansa kompastelevat toisiinsa.

– Pääsette kyllä, lääkäri sanoo rauhoittavalla äänellä. – Ette vain ole vielä siinä kunnossa, että voisitte lähteä. Teillä on sisäisiä vammoja. Ilmoitamme viranomaisille, että olette alkanut muistaa. Kenelle muulle voimme ilmoittaa? Onko teillä omaisia? Perhettä?

Akulko pudistelee päätään irvistellen kivun vihlaisuille. – Ei. Ei ole ketään. Minun pitää päästä pois.

– Älkää olko huolissanne, lääkäri sanoo. – Pääsette pois heti kun olette tarpeeksi hyvässä kunnossa. Onko teillä kipuja?

– Niinkin voisi sanoa, Akulko mutisee sarkastisesti.

– Hoitaja tulee kohta antamaan ruiskeen. Lääkäri päästää Akulkon ranteen ja nousee katsomaan Jerneitä. – Mennään tuonne kansliaan niin otan ylös tietosi.

Jernei nyökkää. Akulkolle hän sanoo: – Voitte kysyä kansliasta jos teidän tarvitsee saada yhteys minuun. Saatan kyllä käydä täällä vielä uudestaankin.

Akulko heilauttaa kättään yrmeän näköisenä, ja Jernei seuraa lääkäriä ulos huoneesta ja käytävän päässä olevaan pieneen huoneeseen. Siellä on tavallinen konttorikalustus, kirjoituspöytä tietokoneineen, mappihyllyjä, pari tuolia asiakkaita varten. Jernei istahtaa pöydän toisella puolella olevaan tuoliin saatuaan kehoittavan kädenheilautuksen. Lääkäri asettuu kirjoituspöydän ääreen ja vetää eteensä muistilehtiön. – No niin, hän sanoo, – nyt pääsemme asiaan. Kuka olet, mistä tulet ja kuinka satut tuntemaan potilaamme?

Jernei epäröi hetken järjestellen ajatuksiaan. – Se on pitkä juttu, enkä voi kertoa sitä kokonaan. Sen verran kuitenkin, että tunnen erään henkilön, joka puolestaan tuntee Akulkon, mutta hänkin vain välillisesti. Jostain syystä hän arveli, että vuorilta löytynyt mies voisi olla Akulko, ja pyysi minua tulemaan tarkistamaan asian.

Lääkäri nyökkää. Hän katsoo Jerneitä kaunismuotoisilla silmillään. Jerneistä tuntuu siltä kuin hän voisi sukeltaa niitten tummaan sineen kuin mereen. Äkkiä hän näkee puuleopardin silmät; ne välähtävät kuin aavenäky hänen tietoisuutensa läpi, keltaisina ja hurjina. Hän mykistyy hetkeksi, ja sanoo sitten: – Tuttavani oli oikeassa, ja kerron sen hänelle. Muuta minun ei tarvitsekaan tehdä.

– Etkä tiedä enempää?

– En.

Kirjoitettuaan kaiken kuulemansa muistiin nuori lääkäri sanoo hymyillen: – Olen tästä kaikesta niin tohkeissani, että unohdan käytöstavatkin. Nimeni on Marten Jest. Sano vain Marten, ja minä sanon sinua Jerneiksi. Sopiiko?

Jernei vain nyökkää.

– Anna minulle yhteystietosi. Karabinieeri tietysti tahtoo kuulustella sinua. Ja minusta vaikutti siltä, että potilaammekin haluaa ottaa myöhemmin yhteyttä sinuun.

Jernei luettelee puhelinnumeronsa ja lisää: – Minulle voi toki lähettää sähköpostiakin.

Hän antaa senkin osoitteen.

Sitten pieneen huoneeseen laskeutuu hiljaisuus, mutta se ei ole vaikeaa, kömpelöä hiljaisuutta, vaikka onkin oudon latautunutta. Nuoret miehet katsovat toisiaan. Sitten Marten hymyilee taas ja sanoo: – Minäkin saatan ehkä ottaa yhteyttä.

Jernei nousee. Hänkin hymyilee mennessään ovelle. – Ehkä saatatkin, hän sanoo käsi ovenkahvalla.

Hän nyökkää hyvästiksi, avaa oven ja astuu ulos.

Sulkiessaan ovea takanaan Jernei vilkaisee vielä taakseen ja huomaa, että muutamia pieniä perhosia – koita? *sairaalassa?* – lentelee Martenin pään ympärillä kuin jossakin hupaisassa piirrosfilmissä.

20. Luku

jossa Aasla käy viranomaisen puheilla, allekirjoittaa orja-kontrahdin ja miettii yhdistysasioita. Ystävykset nauttivat kesänäkymistä. Aasla harrastaa laitesukellusta ja Jernei astuu alas bussista.

Aasla ei ole tuntenut itseään näin nöyryytetyksi ehkä koskaan aikaisemmin, vaikka nöyryytykset eivät totisesti ole olleet mitenkään harvinaisia hänen elämässään. Hän istuu lannistettuna, hervottomaksi käyneessä kädessään nippu printterin jäljeltä vielä lämpimiä papereita. Nuori, pirtsakan oloinen virkailija katselee Aaslaa pöytänsä takaa melkein iloisesti. Hän on nähnyt ennenkin näitä työttömyyden pitkittymisen järkyttämiä mutta siihen alistuneita vanhenevia ihmisiä. Hänen tehtävänsä on ohjata heidät lain vaatimusten mukaisen aktivoinnin piiriin. Hän ei ehkä täysin ymmärrä, miksi nämä ihmiset tuntevat nöyryytystä, mutta hän kyllä tunnistaa ruumiinkielen: valahtaneet hartiat, papereita haparoivat sormet. Nämä vanhenevat työttömät ovat vaikeita ihmisiä, mutta eivät niin vaikeita kuin nuoret. Toimettomuuteen tottunut nuori on tuhannesti vaikeampi ajaa ruotuun kuin eläkeiän kynnyksellä oleva, ikänsä työtä tehnyt ja luterilaiseen työmoraaliin kasvatettu ihminen.

– No niin, sanoo virkailijanainen, edelleen järkkymättömän pirteäs-ti. – Tehdään nyt näin kuin sovittiin. Aloitat kuntouttavan työtoiminnan ja laitat hakemuksen jollekin näistä kursseista. Ja jos saat töitä niin se tietysti menee tämän edelle. Kuntouttava työ voidaan lopettaa sillä hetkellä kun saat töitä tai pääset kursseille.

Aasla ei ymmärrä, mistä nämä virkailijat saavat voiman jatkaa ihmeisiin uskomistaan. Hän epäilee, tai oikeastaan uskoo siihen lujasti, että hekin tietävät tarkalleen, kuinka suuret mahdollisuudet hänen ikäisellään naisella on saada työtä. Hän epäilee, ja oikeastaan uskoo varmasti, että nämä virkailijat uskovat hänen valehtelevan kun hän kertoo yrityksistään saada töitä.

Mikä häntä sitten niin risoo tässä kaikessa?

Se, että hän on jo antanut periksi. Hän on jo alistunut olemaan työtön, ja sopeutunut siihen.

120

Se tässä on niin kurjaa. Hänet kaivetaan kolostaan ja pakotetaan menemään palkattomaan työhön. Työhön, joka ei kerrytä eläkettä eikä lomarahaa, ei anna edes oikeutta lomaan. Ja hänen pitää aina vain uudestaan hakea kursseille, joille häntä ei oteta. Ja jos se ihme tapahtuisi, että hänet otettaisiin kurssille, siitä ei olisi hänelle mitään hyötyä. Työpaikkaa se ei hänelle takaisi.

Kaikkein kipein nöyryytys tulee kuitenkin hänen omasta luuseriustietoisuudestaan. Luuserius merkitsee hänelle juuri tätä, että hän haluaa olla rauhassa, ketään häiritsemättä, sinnitellen pienellä päivärahallaan. Siihen hän on jo tottunut – niukisteluun, roskiksien kaiveluun, kirpputorivaatteisiin.

Ei häntä pelota lähteä töihin, niin vieraantunut hän ei sentään ole. Tällainen pakottaminen vain tuntuu hänestä niin pahalta. Hän on kuin kompostikasassa asustava turilaantoukka, joka muhii kolossaan kaikessa hiljaisuudessa siihen asti, että tarmokkaan viranomaisen talikko tulee ja kääntää hänet esiin, polttavaan päivänvaloon. Siinä hän sitten kärvistelee paljastettuna ja avuttomana. Hänellä ei ole voimaa panna vastaan. Hän menee nöyränä ja nöyryytettynä tekemään ilmaista työtä.

Kyllä hän tietää olevansa hyvä työntekijä. Kielitaitoinen, osaava ja omatoiminen. Ahkera ja kurinalainen. Hänelle on ottajia, mutta hänessä on yksi paha vika: hän on vanha ja silti kehtaa vaatia kohtuullista korvausta työstään. Sitä ei haluta hänelle suoda. Eikä tarvitsekaan, niin kauan kuin laki antaa mahdollisuuden saada hänet ilmaiseksi.

Se ei häntä nöyryytä. Sen hän ymmärtää. Häntä nöyryyttää tietoisuus siitä, että häntä ei pidetä palkan arvoisena.

Senkin hän on sisäistänyt, että ihmisen pitää tehdä työtä elääkseen. Jos ei tee, miten mahtaa olla hänen elämisensä laita?

Onko hänellä siihen edes oikeutta?

Aasla kertoo työvoimatoimistokäynnistään Irikselle. He istuvat kuin mitkäkin teinitytöt Aurajoen rantaluiskan ruohikolla nuoleskelemassa jäätelöitään. He ovat kierrelleet kylliseen kesäisessä Turussa, eivätkä voi kuvitellakaan jättävänsä rantajätskejä väliin. Kesähelteellä on ihan pakko päästä istumaan jokirantaan. Kaupungin puutarhurien hellimät gladiolukset hehkuvat tummanpunaisina helteessä. Toiveikkaat lokit partioivat lähitienoilla silmä kovana ruuanmurenten varalta. Aurajoen ruskea vesi valuu hitaasti kohti merta. Luotaantyöntävästä väristään huolimatta veden tiedetään olevan suhteellisen puhdasta.

121

Kuunneltuaan loppuun asti Aaslan valitusvirren Iris hänen yllätykseen purskahtaa nauruun.

– Miten sinä voit nauraa tälle? Aasla kysyy melkein loukkaantuneena. – Et suinkaan minulle naura?

– No en vaikka pitäisi kyllä, Iris sanoo pyyhkien nauruvesiä silmistään. – Kuulostat niin pateettiselta. Huutolainen! Orja! Olisit kiitollinen kun pääset ulos murjustasi ihmisten ilmoille. Alat jo haista. Milloin olet viimeksi käynyt edes kampaajalla?

– Ei minulla ole varaa kampaajaan, Aasla puolustautuu. – Enkä taatusti haise, ainakaan enempää kuin vanhat akat yleensäkään.

– No nythän alat saada lisää rahaa, Iris sanoo. – Verotonta tuloa, ajattele!

– Yhdeksän euroa päivässä, niinä päivinä kun olen töissä, eikä se sitäpaitsi ole palkkaa vaan ylläpitokorvausta. Minun oletetaan ruokkivan itseni sillä työpäivinä.

– Eikö päivärahakin nouse?

– Nousee, jotain viitisen euroa. Minusta tulee rikas. Ei ihan vielä ökyrikas mutta sikarikas kumminkin. Jesses, mahtaako se vaikuttaa asumistukeenikin?

– Tietenkin, jos bruttoansiosi nousevat tarpeeksi roimasti.

– Minun pitää tehdä laskelmia, Aasla sanoo synkästi. – Voi miten helppo olisi olla jos olisi töissä. Varma rahantulo ja kunnollinen ihmisarvo ilman sosiaalitätien haukansilmäistä vahtimista.

– Ole iloinen että meillä on hyvä sosiaaliturva, Iris sanoo.

– Olenhan minä, ja olen kitisemättä maksanut joka pennin veroista sun muista maksuista. Hyödyn niistä nyt. Enkä valitakaan. Mietin vain, miten kukaan saa kohta palkkatöitä jos työttömät saa ilmaiseksi tekemään muka kuntouttavaa työtä. Semmoisen työpaikan tarjoajalle maksetaan meistä viisi euroa joka päivä kun olemme työssä. Siksi sanon sitä huutolaisen hommaksi.

– Ei kai sentään yritykset teitä saa? Iris huomauttaa.

– Ei, yhdistykset vain. Eiköhän yhdistyksiä kumminkin ala syntyä sitä mukaa kuin yritykset lakkaavat toimimasta, Aasla ennustaa.

– Perusta itse yhdistys ja huuda itsesi siihen kuntoutumaan, Iris ehdottaa melkein tosissaan.

– Tosiaan, siinä olisi itua. Pitääpä kysyä työkkäristä, kävisikö se päinsä. Pitää vain keksiä joku hyvä yhdistysidea.

– Sen pitää varmaan olla yleishyödyllinen, Iris arvelee. – No, vaikka Sukkia paleleville pietarilaisille pikkujaloille -yhdistys.

– Miksi pietarilaisille?

– Siellähän niitä riittää loputtomasti.

– Tuo on rasistinen väite, Aasla huudahtaa.

– No sitten suomalaisille pikkujaloille. Se ei ole rasistista.

– Eikö?

– Miten se olisi? Meillähän on perinteenä kutoa villasukkia.

– Jospa unohdettaisiin villasukat, Aasla huokaisee. – Ei niitä jaksa ajatellakaan tämmöisessä helteessä.

– Otin ne esiin vain esimerkkinä, Iris sanoo arvokkaasti. – Ihan vain jotta pääsisit jyvälle yleishyödyllisyyden käsitteestä.

– Kiitos, pääsin jo. Aasla heittää vohvelitötterön pohjan toiveikkaasti odottelevalle pullasorsalle, joka sieppaa sen kokemuksen luomalla taidolla. Lokit kiroilevat äänekkäästi jäätyään ilman suupalaa. – Mietin asiaa. Tähän hätään siitä ei kyllä ole apua. Kontrahdin mukaan aloitan työn elokuun alussa. Sinne ei ole enää kuin muutama viikko.

– Kesää on vielä pitkälti jäljellä, Iris huomauttaa pyyhkiessään sormiaan paperinenäliinaan. – Minullakin on osa lomasta vielä pitämättä. Otan sen vasta elokuun lopulla.

– Se Tarton matka, vai? Aasla kysyy. Hän kaivelee vesipulloa olkalaukun pohjalta. Laukku on syvä ja siihen mahtuu paljon tavaraa. Varsinainen muumimamman käsilaukku.

– Niin. Ajattele, kokonainen viikko ilman Paavoa, tyttöjen kanssa. Olen varannut kaikki mahdolliset hoidot.

– Ihan käy kateeksi, siis ne hoidot. Mutta on minullakin hauskuutta tiedossa, Jernei tulee kylään ensi viikon alussa ja viipyy viikon.

– Olisipa hauska olla silloin kärpäsenä katossasi, nauraa Iris.

– Niin varmaan, Aasla virnistää.

– Oho! Katsos tuota! Ei paha, vai mitä? Iris osoittaa.

He antavat asiantuntevan katseensa levätä nuoressa miehessä, joka on asettunut alemmaksi rannalle vinosti heistä vasemmalle ja vetää juuri teepaitaa päänsä yli. Hän tipauttaa paitamytyn huolettomasti viereensä maahan ja heilauttaa loputtoman pitkästi mustaa tukkaa valumaan pitkin ruskettunutta selkää.

Ystävykset huokaavat arvostavasti ja alkavat hiissautua – hieman kankeasti – jaloilleen jatkaakseen kaupunkikierrostaan.

– Turku on kesällä ihana paikka, Aasla sanoo luoden vielä viimeisen katseen nuoren miehen leveisiin hartioihin.

– Aamen siihen, sanoo Iris vakaumuksellisesti lähtiessään kapuamaan ylös rantakadulle.

Aasla seisoo bussipysäkillä ja hypistelee kännykkäänsä. Hänen on kuuma, mutta siinä ei ole mitään uutta. Tänä kesänä on hellettä riittänyt niin, että Aaslan kaltainen ihminen on saanut läähättää kuin koira ja hikoilla enimmän aikaa. Hän on saanut tekstiviestin Jerneiltä, joka ilmoittaa vaihtaneensa onnellisesti Helsinki-Vantaan kentän ja Ikean pysäkin väliä sukkuloivasta bussista Turkuun tulevaan expressbussiin. Hän kertoo myös, että bussissa on monta samalle pysäkille jäämässä olevaa ulkomaalaista, joten hänkin osaa loikata autosta oikeassa paikassa. Kuljettaja puhuu hyvää englantia, kertoo Jernei vielä.

Aasla asettuu pikalinjapysäkin taakse varjoon. Odotellessaan hän tavallisesti astelee edestakaisin kuin tiikeri häkissään, mutta nyt on liian kuuma ottaa yhtään ylimääräistä askelta. Luonto on musertunut helteen alle, vain muuan touhukas sittiäinen pöristelee hänen ohitseen matkalla ties minne. Aurinko välähtelee metallinhohtoisissa peitinsiivissä.

Aasla vaipuu pian omiin ajatuksiinsa.

Hän on Saarilla, sukeltamassa Kivikolla. Tarkoituksena on tutkia outoa korallimuodostelmaa, joka kasvaa hidasta kasvuaan pohjattomaan syvyyteen katoavan syvänteen reunamilla noin kilometrin päässä Kivikosta lounaaseen. Hän ei ole yksin, ei tietenkään. Näillä vesillä sukeltaminen on vaarallista. Se ei toki ole vaaratonta missään, ei vaikka siellä ei olisikaan veitsenteräviä vedenalaisia kivimuodostelmia tai haita tai jättiläissimpukoita, joitten tarvitsee vain loksauttaa ryhmyiset kuorensa kiinni ja siihenhän jäät kiikkiin odottamaan hidasta menehtymistä ellet saa apua ajoissa. Nämä vedet ovat kuitenkin erityisen vaarallisia. Joka vuosi täällä joutuu moni sukeltaja onnettomuuteen, moni heistä kohtalokkaaseen. Silti tänne palaavat kerran toisensa jälkeen ne seikkailijat, jotka tuntevat elävänsä täysillä vain silloin kun panokset ovat korkeimmillaan, kun panttina ehkä on kaikkein arvokkain mitä ihmisellä on, hänen henkensä. Ehkä minäkin olen niitä? Aasla ajattelee liukuessaan painottomana lämpimässä, kristallinkirkkaassa vedessä, ympärillään parvi värikkäitä kaloja. Ne puikkelehtivat sinne tänne, sujahtelevat ohi aivan läheltä, kokoontuvat parveksi, joka kohta pöllähtää levälleen sinne tänne säntäileviksi pikkukaloiksi.

Aasla ohittaa koralliseinämän, jonka lukemattomat muodot ja värit saavat hänet haltioihinsa. Kauempana toiset sukeltajat ovat laskeutumassa alemmaksi, kohti sitä muodostelmaa, joka on heidän varsinainen kohteensa. Aasla jää hetkeksi tarkkailemaan merkillisen näköistä kalaa, jonka evät näyttävät mustavalkoisilta, liehuvilta silkkinauhoilta. Kenties se kyttää saalista piilotellessaan korallieläinten seassa? Aasla ei tiedä. Hän ei tiedä trooppisista kaloista paljon mitään.

Hän huomaa jääneensä jälkeen muista ja potkii räpylöillään lisää vauhtia. Hän aivan kuin lentää ihanan painottomana kohti viimeistä sukeltajaa, joka on juuri katoamassa korallien peittämien kivien taakse. Hänen näkökentässään vasemmalla puolella vilahtaa jokin varjo, ja hänen päänsä käännähtää valppaasti sinne päin.

Hän näkee leveän, tylpän kuonon ja solakan vartalon terävine selkäevineen. Vasarahai! eikä se ole yksin. Niitä on ainakin viisi, ja ne porhaltavat hänen ohitseen lainkaan välittämättä hänestä. Ehkä ne eivät edes huomaa häntä? Niillä näyttää olevan kiire. Ehkä ne pakenevat jotakin? Hait? Mitä *hait* voisivat paeta?

Aaslaa alkaa huolestuttaa, ihan hiukan vain. Hän lisää vauhtia tavoittaakseen toiset sukeltajat. Pari potkua vain ja hän pääsee kiertämään kalliomuodostelman reunan taakse. Siellä, hiukan alempana eikä kovin kaukana, näkyvät toiset sukeltajat silmiä hivelevän kauniin, sinisen ja oranssin sävyissä hehkuvan korallikasvuston luona. Heidän alapuolellaan seinämä jatkuu alaspäin kadoten musteensiniseen syvyyteen. Aasla panee merkille, että toiset sukeltajat eivät suinkaan ihastele koralleja. He katsovat häntä. Kaikki ovat melkein kuin paikoilleen jähmettyneitä kun he katsovat häntä. Hän kohottaa kättään ja tekee peukalolla ja etusormella kaikki hyvin -merkin. Hän tajuaa äkkiä, että joku naisista on painanut kätensä suulleen. Se on klassinen voi kauheaa! -ele. Aasla rypistää otsaansa ja kääntyy katsomaan taakseen. Hän näkee – hän ei tiedä, mitä hän näkee. Hain? Ei. Niin suurta haita ei voi olla olemassa. Paitsi valashai. Varmaan se on valashai, Aaslan päässä vilahtaa toiveikas ajatus. Valashait ovat vaarattomia krillinsyöjiä. Saarelaiset palvovat niitä, ne ovat heille pyhiä.

Mutta ei. Olento, joka lähestyy pelottavaa vauhtia, ei ole valashai. Se on paljon suurempi kuin suurinkaan valashai. Varmaankin vasarahait pakenivat sitä? Pisin niistä oli ainakin nelimetrinen, mutta tälle hirviölle se olisi riittänyt tuskin suupalaksi.

Aaslan mieleen nousee nimi megalodon. Tuo on megalodon, sen on pakko olla, paitsi että niitä ei ole olemassakaan. Enää. Missään. Ne ovat kuolleet sukupuuttoon jo ainakin miljoona vuotta sitten. Mutta tuossa semmoinen vain on, ja – ja se on nähnyt minut! tajuaa Aasla. Mutta se ei välitä minusta, eihän? Minähän olen sille pienempi kuin silakka kaskelotille.

Hän jähmettyy paikoilleen eikä pysty liikahtamaankaan. Hirvittävän suuri pää on jo aivan lähellä häntä. Megalodonin kitaan mahtuisi ajamaan rekka, hän ajattelee muistaessaan jossain kirjassa näkemänsä rekonstruktion. En halua nähdä viimeisenä näkynäni semmoista kitaa.

Semmoisen kidan hän kumminkin näkee, kun—

—kännykkä soi. Se on Jernei. – Olemme siellä vartin päästä, hän sanoo. – Oletko vastassa?

– Tietenkin olen, Aasla sanoo, sydän vieläkin pamppaillen, – jo pysäkillä, itse asiassa.

– Hienoa! Nähdään kohta!

– Nähdään!

Aaslalta kestää tovin rauhoittua kamalan kokemuksensa jälkeen. Joskus hän kysyy itseltään, melkein vakavissaan, mahtaako hän olla ihan täysipäinen. Koska kysymys kuitenkin on laskettavissa retoristen kysymysten taajaan joukkoon, hän jättää sen yleensä omaan arvoonsa. Niin nytkin. Hän livauttaa kännykän takaisin housuntaskuun, kaivaa olkalaukusta vesipullon ja juo reilun kulauksen. Helteellä on hyvä juoda usein. Hän on iloinen siitä, että sää on niin suotuisa, ja että helteen on luvattu jatkuvan edelleenkin. Jernein vierailu osuu ainakin siinä suhteessa hyvään saumaan. Heidän ei tarvitse harmitella sateita. Niillä ei ole uhkaillut yksikään sääennustaja, ei virallinen meteorologi eikä kansallinen sääprofeetta.

Aasla miettii siinä odotellessaan, mitä kaikkea he voisivat tehdä Jernein kanssa. Tietenkin he koluavat tavanomaiset museot. Harmi vain että juuri sinä viikonloppuna ovat monet paikat kiinni. Ei se mitään. Pitäähän välillä levätäkin. Ja puhua. Jutustella kaikesta mahdollisesta. Varsinkin kielistä ja maailmoista, niin olemassa olevista kuin itse tehdyistäkin. Sitäpaitsi Aasla on luvannut neuvoa Jerneille miten voi tavata henkiauttajia ja tehdä Matkoja.

– Perehdytän Jernein tantran salaisuuksiin. Opetan hänelle kuinka heitetään verkko, Aasla ajattelee. Se on hyödyllinen taito kenelle vain.

Hänen ajatuksensa kiepsahtavat uusille urille ja vievät hänet taas kävelemään Kastman rantakadulle. Siellä on nyt illanhämy, se hurmaava puolituntinen, jonka jälkeen valon voittaa tropiikin yön samettinen pimeys. Sataman vesi välkehtii loivina, raukeina laineina; tuuli on tyyntymässä yöksi. Halkipyrstöinen tiira lekuttelee paikallaan, pudottautuu äkkiä veteen kuin kivi, siivet supussa, ja nousee taas ilmaan hopeanhohtoinen pikkukala nyt nokassaan. Ihmisiä kuljeskelee joutilaasti rannalla, enimmäkseen nuoria pariskuntia, käsi kädessä. Aaslan sydäntä vihlaisee kun hän katsoo heitä. Koko elämä edessä, yhdessä rakastetun kanssa, hän ajattelee, hiukan vain haikeasti.

Hän kävelee satamalaiturin kauimmaiseen päähän. Laiturissa on muutama rahtilaiva. Sataman suulta tulee juuri sisään valtava matkustajalaiva, kaikki valot loistaen. Aasla katsoo merelle niin kauas kuin silmä kantaa. Hän ei näe Kivikkoa, mutta tietää, että se on tuolla, eikä edes kaukana.

Megalodon, muka, hän naurahtaa itsekseen. Niinpä niin.

Hän käännähtää palatakseen rantaan ja melkein törmää mieheen, joka on tullut aivan hänen taakseen.

Aasla huomaa tuijottavansa kultatäpläisiin silmiin, jotka ovat samalla korkeudella kuin hänen omansa.

– Veneeni on torin rannassa, sanoo Kivkas. – Lähdetäänkö yöpurjehdukselle? Tänä yönä on täysikuu.

Aasla ei voi estää kasvojaan leviämästä hymyyn. Hän avaa suunsa vastatakseen, mutta—

—pysäkille kaartava bussi räsäyttää hänen ajatuksensa rikki. Kuljettaja loikkaa rivakasti ovesta ja rientää avaamaan matkatavaratilan luukun. Hänen jälkeensä laskeutuu portaita kuivaksi käpistynyt papparainen tukien huolehtivaisesti perässään tulevaa pikkuista mummelia. Sitten tulee pari nuorta tyttöä, rastatukkainen mies ilmeisesti tyttöystävänsä kanssa ja kitisevää pikkulasta käsivarrellaan kantava nainen.

Sitten tulee Jernei.

Aasla kaappaa melkein aineettoman kevyen nuoren miehen syliinsä ja rutistaa häntä lujasti.

Niin alkaa uusi seikkailu.

Tarina jatkuu seuraavassa kirjassa *Mies jota perhoset rakastivat*. Siinä saamme tietää, saako Akulko lopultakin Aaslan kostonhimoisiin hyppysiinsä, löytääkö Kivkas uuden onnen ja kuka oikeastaan on Marten. Opimme myös heittämään verkkoa.

Tarinan kolmas osa, nimeltään *Nainen joka sai*, kertoo sitten, miten kaikille kävi. Kuka sai kenet, vai saiko kukaan ketään.